每一个独特的生命　都需要独特的养育

发现孩子天生气质

揭开天赋密码
实现因材施教

张黛眉/著　薛慧莹/图

目 录

前言 / 1
推荐序 / 3
园长们的推荐 / 5

第1章 你了解你的孩子吗？

气质是什么？ 3
原来，气质是这么回事 8
彻底了解孩子气质的方法 12

第2章 九大气质向度

1 活动量：好动小猴还是安静小猫 22
2 规律性：定时器还是太随性 38
3 趋避性：主动好奇还是害羞退缩 50
4 适应度：慢慢摸索还是速速调适 66
5 反应强度：淡定哥还是失控妹 76

6 情绪本质：开心果还是板脸族 104
7 坚持度：坚持到底还是墙头小草 112
8 注意力分散度：专注三小时还是三秒钟 126
9 反应阈：风吹草动还是不动如山 136

第3章　教养有技巧，孩子更开心

亲子关系 143
行为与管教 154
培养自信心 165
手足关系 173
交朋友 183
准备入园（学）...... 210
选择适合的才艺班 224
为孩子规划未来 230

前言

认识独一无二的家庭新成员

孩子是独立的个体,一出生,就有独一无二的天生气质,他会用独特的反应方式,与身边的人进行互动。我们要像认识新朋友一样,通过观察来了解这样一个小人。麻雀虽小,五脏俱全,这个小朋友,来到世间的时间不算长,但他也有自己的个性和脾气。

想要了解这个闯入我们生活的新朋友,首要的秘诀是:请记得常常蹲下来或是坐下来,以和他们接近的高度和他们说话。这是进入孩子世界的第一步。当我们和孩子在同样的高度时,才能知道孩子眼中的世界是个什么样子。

好几次,当我想引导孩子观看某个景物孩子却一直找不到时,我就会蹲下来从孩子的高度看过去。结果我发现,孩子看到的世界和成人看到的有很大不同。带着孩子逛街时,大人们看到的是五花八门、琳琅满目的商品,孩子们看到的却是大人的腿、和自己高度相仿的小朋友,或是街上的猫狗。

在物理的世界里，孩子受限于他的高度，看事情的角度和大人明显不同。在心理的世界里，孩子也会因为年纪和个性的原因，看事物的观点与成人迥然相异。如果我们能常常蹲下来或是坐下来和他们聊一聊，听听他们的想法和感觉，才能放下那些自认为理所当然的想法，给孩子一个比较合理的环境和应有的尊重。

学龄前是幼儿身心发展最快速的阶段，父母会花很多时间和体力照顾孩子的日常生活、衣食住行。大多数的父母总是忙于应付孩子外在的行为，例如，何时断奶？何时不再用尿布？吃饭如何不拖拖拉拉挑三拣四？如何早睡？几点起床才不耽搁去上学？其实，在这些日常生活的背后，父母的个性、价值观及人生态度才是深深影响一切的关键所在。如果父母能花一点时间了解一下幼儿成长中的各种现象，就能给孩子多一点的时间成长和改变；如果父母能花一点时间了解孩子的气质，就能给孩子多一点空间做自己；如果父母能花一点时间回想自己的童年，就会发现那些过去与父母之间尚未解决的情结，是如何复制在自己与孩子之间。

希望这本书能帮助大家，从新的角度更贴近我们这个亲密的家人，学会从孩子的角度了解他们，进而创造美好和谐的亲子关系。

推荐序
因材施教，从了解气质开始

根据《现代汉语词典》的解释，"因材施教"是指"针对学习的人的能力、性格、志趣等具体情况施行不同的教育"。孔夫子在两千多年前提出的这个教育概念，其观点竟与现代心理学及教育学主张"尊重个别差异"的人本理念不谋而合，先人的智慧真叫人不得不佩服。

"因材施教"不只是教育，也是教养子女千古不变的真理。遗憾的是，孔夫子运用自如的教育原理，并没有在古籍上留下结构化的知识体系。对于多数父母而言，相信真理不是难事，但要真正落实在教育和教养的具体实践中，就没有那么容易。生命的奥妙无人能够参透。即使由同一对父母所生，每个孩子都有他与生俱来、独一无二的特质；唯有真正了解孩子是什么样的"材"，以及不同"材"的孩子该如何用不同的方式来施教，"因材施教"才能发挥提纲挈领的功能，不至于沦为空洞的口号。

还好，在一九五六年，美国纽约大学的两位发展心理学者开始针对这个课题进行长期研究，后来并提出了"天生气质"的观点。这个周全且实用的理论填补了"因材施教"的内涵，让我们能够按照这个线索探究个别差异。了解孩子的气质，等于掌握了教养的先机。在黛眉的这本新书中，她以轻松的文字贴切地介绍了气质的基本概念，并详细列出了"气质"概念在孩子成长几个重要领域的运用方式。这对于为人父母者，将带来莫大的帮助。因此，当她提出希望我向读者推荐这本书时，我毫不迟疑就答应了。

黛眉是我台湾大学的学妹，读书时她就是有名的学霸，对于学理的钻研与贯通自然不在话下。研究生毕业后，她全心投入临床心理实务工作，对于儿童青少年的心理辅导与治疗有着丰厚的积累；而陪伴自己家里那一对个性迥异的宝贝成长，更让她展现出结合理论与实务的功力。十几年前因缘际会，我邀请她将"儿童气质"的概念介绍给幼儿教育界。我俩第一场连手的讲座，她的表现就让我惊喜连连，使我深深觉得儿童的气质评价以及亲子教育工作不只是黛眉的专业，更是最能体现她热情洋溢生命的所在。

这本书，这个人，我都全心推荐！

杨俐容

台湾著名亲子作家

园长们的推荐

教养孩子最大的难题在于，不想让孩子背上过重的负担而压抑了创造力，又不愿因为太娇惯溺爱而助长蛮横跋扈的态度。到底要怎么样做才能恰到好处？相信这是许多新手父母心中深深的苦恼。我曾经在黛眉老师的讲座中，听到一种对于幼儿心智的解读，也就是本书中所谓的"气质"说。黛眉老师从几个简单的现象切入，运用科学的分析，引导家长和老师理解孩子的个别差异，从而让成人能够顺应幼儿与生俱来的特质进行沟通。如此一来，亲子之间将不会发生彼此伤心又劳力的"主权争夺战"，成人可以用更轻松而有效的方式完成教养任务，幼儿也有机会成为自由且自律的人。就算不为教育下一代，任何人阅读本书也都有益于认识自我，而这，正是活出幸福人生的关键之一。

阳光宝贝幼儿园创办人　陈世玲

尊重"个别差异"是幼儿教育中极重要的精神与特质，而"个别差异"教育与学习的执行原则，就是"因材施教"。

我们投身幼教事业近二十年，许多老师、父母强调学习就是认知、才艺等，唯此马首是瞻。殊不知孩子需要的其实很简单，被了解、被肯定和被关怀就能满足他们，如是，则他们的学习能力自然会蓬勃发展。黛眉老师的这本书，正是一帖解决的良方。书中不仅有理论解说、技巧说明，还有案例实务分享，对父母和幼教老师而言，都十分实用。尊重，不是只谈表面，而是彼此深入互动，了解，甚至冲突之后，仍会站在对方的立场来思考，这才是尊重的深层含意。了解、接纳、情感交流、爱与愿意，正是这本书教给父母和幼教老师教育孩子专业而有效的快捷方式。

新北市私立成长幼儿园园长　郑世仪
台北市"法务部"附设员工子女幼儿园园长　陈丽宽

当我还是孩子时，我希望大人可以了解我！

当我还是青少年时，我希望大人可以懂我！

当我还是成人时，我希望别人可以体谅我！

当我已经是父母时，我希望我懂我的孩子！

你期望他人可以理解你，但别忘了，你也要好好搞懂自己啊！

森堡幼儿园所长　曾含香

第 1 章　你了解你的孩子吗？

气质是什么？
原来，气质是这么回事
彻底了解孩子气质的方法

气质是什么？

如果你有机会带孩子去公园玩，不妨坐在一旁仔细观察。你会发现，每个孩子不只外表不一样，穿着打扮不一样，面对相同情况的行为反应，也有很大的不同。有的孩子跑跑跳跳、爬上爬下动个不停；有的孩子动作斯文，慢条斯理，或是喜欢静静坐在一旁看别人玩；有的孩子不顾大人的叮咛，不断尝试危险的玩法；也有的孩子正好相反，尽管有父母的鼓励，仍不敢试一试往上爬。孩子这种与生俱来，对内在或外在刺激的反应模式，我们称之为"气质"，也可以说是孩子与生俱来的性格特质。

20世纪60年代，美国的两位心理学家亚历山大·托马斯（Alexander Thomas）和史黛拉·却斯（Stella Chess）曾以数百位纽约儿童为对象，进行了长期的追踪研究，提出从九个向度来描述气质的概念。他们发现，从婴儿出生不久之后就可以观察到这些性格气质表现，而且随着孩子的成长，这些表现维持着相当的稳定性。

气质使每一个人在与外在环境互动时，产生自己的行为风格。气质也会影响别人对自己的反应方式。例如有些孩子天生反应强度比较强，不论高兴或是生气，都会明显地表现出来，这样大家比较容易知道他的情绪和需求，从而予以回应。相反的，反应强度弱的孩子，别人常常会忽略他的感受和需要。外向的孩子常会主动和别人交谈，比较容易交到朋友；而内向的孩子，看到人就躲，减少了与人互动的机会。因此，孩子的天生气质，再加上它所引发的反应，会带给孩子相当不同的生命经验，对孩子人生的影响相当深远。

孩子真的是一张白纸吗？

每个妈妈多多少少都曾经在心里想象过自己的孩子未来的样子："我希望儿子将来是一个有教养的小绅士。""我一定要把女儿打扮成小公主一样。""我希望儿子可以当篮球选手，在运动场上八面威风。""我希望女儿强悍一点，学会保护自己才不会被别人欺负。"

将自己的期待或是人生未完成的梦想，投射在自己孩子的身上，是人之常情，不过这也往往是失望和亲子冲突的起点。因为孩子并不是一张白纸，从受孕的那一刻起，他就带着从父亲和母亲身上遗传的一组独特的基因，有着独一无二的个性和能力。这些天生的特质，有些部分不是后天的教养能够完全扭转和改变的。期待生个白雪公主的妈妈，后来才发现自己的女儿原来骨子里是个侠女；希望儿子像个英勇战士的爸爸，最后也不得不为家里那个小心谨慎的小绅士调整自己的期待。相反的，父母必须把自己变成一张白纸，这样才能完全和无条件地接纳孩子最原本的样子。

孩子的气质是与生俱来的，其中有很大的一部分来自于遗传，也有些来自于母亲怀孕和生产过程的影响。在母亲怀孕时，胎儿的气质其实已经悄悄形成。怀孕期间的突发状况，例如，母体感染流行性感冒，或心情极度紧张忧郁，长期酗酒或药物滥用，也可能影响胎儿的气质。

比较敏锐的父母，在孩子还在襁褓中时，就可以觉察到孩子独特的反应方式。尤其是已经有过一个孩子的父母，会发现第二个孩子和第一个孩子有某些方面的反应是不同的，例如比较爱哭或比较容易被逗笑，每天睡醒的时间有规律的还是很难预测。等孩子渐渐长大，我们和孩子相处的时间更久了，就会慢慢发现孩子的某些个性比较像母亲、父亲，或是家里的其他亲人。近年来许多关于人类遗传的研究都发现，遗传在性格中扮演的角色不容忽视，这和我们过去认为个性完全是后天环境造成的观念大不相同。

如果有机会，爸爸妈妈可以问问自己的父母，自己小时候是个怎样的小孩，好不好带？是乖巧顺从还是调皮捣蛋？相信从父母的描述中，不难找到气质遗传的蛛丝马迹。

检视自己的期待

每对父母都曾经对自己的孩子有过想象和期待。这些期待可能来自于父母自己过去生命中未完成的事件,或是父母的理想和希望。

花一点点时间,安静下来。试着回想一下你对孩子的期待。你希望他是一个怎样的人,请用自己的话把它们写下来。

- 我期望中的孩子是:
- 我的孩子真实的模样是:
- 两者的差别是:
- 我要接受的是什么:
- 我可以改变的是什么:

在看完本书之后,希望你能再回头看看自己在这一页写下的内容,再一次思考孩子的气质,调整自己的期待,也重新整理自己可以协助孩子调整的方向。

原来，气质是这么回事

我们可以从哪些角度来了解孩子的天生气质呢？

托马斯与却斯两位学者经过长期的研究，提供了九个不同的方向作为我们思考的基础。本书会依照这九个向度分别加以说明。

活动量：进行睡觉、游戏、做功课、吃饭、穿衣、洗澡等日常活动时，身体活动量的高低。活动量大的孩子整天动个不停，无法安静坐在椅子上，常爬上爬下、动来动去或东摸西摸。

规律性：孩子日常生活作息的规律性。例如，睡觉、起床、吃饭（包括食量）及睡眠的时间，是否大致上是可预测的。

趋避性：孩子在面对新鲜的人事物时，第一个反应是接受还是拒绝。例如在面对新的食物、环境或陌生人时，是大胆地主动靠近或是害羞地犹豫退缩。

适应度：孩子在面对转变时的适应状况。对于不是他所预期的转变，能够快速调整自己的期待，还是需要时间适应和调整。

反应强度：不论是说话、哭闹的声音，或是表现快乐或烦躁的情绪时，反应是强烈的还是温和的。

情绪本质：孩子在日常生活中较常表现出友善、愉快的情绪，还是不友善、不愉快的情绪。

坚持度：孩子的活动（如阅读、做功课、练习乐器或运动技巧等）不会因任何困难阻挠或干扰而中断的程度。也就是说，遇到困难和问题时，仍持续尝试去解决，继续维持活动的方向，不轻易放弃。

注意力分散度：孩子是否很容易被周围环境的刺激干扰而改变他的活动目标；或者对周围的景象、声音、光线、人等刺激视若无睹，非常专注在自己的活动上。

反应阈：外界的物理刺激，如噪音、灯光或气味等刺激的强度有多强，才能让孩子觉察到并做出反应。反应阈高的孩子需要很大的刺激量才会有所反应，反应阈低的孩子则相当敏感。

气质的类型

研究发现，在婴幼儿时期，孩子的规律性、趋避性、适应度、反应强度和情绪本质等五项特质，比较容易影响亲子关系的建立、照看者主观感受到的教养难易度、社会化的过程及行为问题的产生。所以根据这五项气质向度，依照养育的难易程度把孩子分为三种类型：性情儿、慢吞吞型及安乐型。

性情儿：这类孩子从小就让照顾他的人比较费心。幼儿的气质特性为活动量高、规律性低，对新鲜的人事物或情境所表现的反应是退缩逃避，他们的适应度低、反应强度激烈、情绪本质负向或坚持度高等。这类孩子很有自己的个性，和父母之间比较不容易建立亲密的依附关系。

慢吞吞型：这类孩子的气质特征是，对新鲜的人事物或情境所表现的初次反应绝大部分都是逃避退缩，需要长时间才能适应新的环境；对刺激的反应强度相当微弱，活动量及坚持度也不高。这类孩子对于喜怒哀乐以及需求意见的表达都很不明显，也无法持续。照看者如果不注意，很容易忽略孩子传达的信息。

安乐型：这类孩子所表现出来的特征是规律性高，对环境改变的适应度高，反应强度适中，情绪本质大部分属于愉悦、友善等正向情绪，对新情境会主动接近。父母在教养孩子的过程中，大部分的感觉都是轻松愉悦的。

如果你的孩子在气质上属于好教养的孩子，那是很幸运的事。在养育孩子的过程中,你一定常常能享受亲子之间的亲密与幸福感。但是做父母的要提醒自己,不要因为孩子的特质比较顺从,而不自觉地将自己的意志强加在孩子身上。有句话说:"乖孩子的伤最重。"有些安乐型的孩子为了得到父母的赞许,会在不知不觉中扭曲自己,给自己很大的压力。相反的,孩子如果是性情儿,父母很容易在教养上有挫折感,这时候更需要拓展自己的观念和想法,学会接纳和欣赏孩子,并学习更多方法和技巧来面对这个挑战。

彻底了解孩子气质的方法

通过日常生活行为观察所积累的印象，我们可以大致了解孩子的气质倾向。除此之外，我们也可以通过客观的问卷评估来了解孩子在九个气质向度上的倾向。

接下来的第二章，在介绍每项气质之前，我们会提供一组小小的检测表，家长可以参考这些题目，大略评估孩子和自己的气质倾向。孩子并非在每个气质向度上都会有明显或极端的倾向，也可能在某些方面的表现不高不低，没有明显的倾向。

父母与幼儿的相处时间很长，他们有可能正确描述孩子的情绪与行为；但父母也可能会扭曲对幼儿的观察，将自己的价值观和评价加诸孩子身上。例如，一个活动量高的家长，可能不会觉得自己的孩子活动量偏高。所以在评估和了解孩子时，可以和配偶或是其他家人一起讨论，从不同的观点和角度评估，可能会有相同或是完全不一样的结果。由此，也可以发现父母之间彼此个性和观点的差异，增进相互的了解，对问题产生的原因也会有更多的洞察。

除了父母之外，保姆或是幼儿园的老师也是和孩子长时间相处的人，他们对孩子的看法也非常重要。他们经常面对不同的孩子，比较有机会观察到孩子的不同表现。所以，家长可以和老师一起讨论，增进对孩子的了解。

和老师讨论之后，有些家长可能会发现，孩子的某些行为在家里和学校会判若两人。这是有可能的。孩子会视不同环境的要求，有不同的表现。在学校里，孩子必须适应团体的规范和作息，期待得到同龄人的接纳和老师的赞许。回到家里，他们会放下一整天的压力。家是最温暖、最轻松的地方，父母是最能接纳自己本性的人，孩子会放松自己，宣泄情绪，所以有完全不同的行为表现。这并不表示孩子有双重人格，仔细观察和了解之后，还是可以看出哪些部分是孩子原本的特质，哪些是孩子为了适应环境所做的努力。

为什么要了解气质？

由于每个孩子都是独特的，所以同一套教养方法，不一定适用于每个孩子。作为父母，在学习如何教养孩子之前，应该先停下脚步来了解孩子，这才能用合适的方式,来帮助孩子适情适性的发展。父母还应从欣赏的角度,看待孩子与生俱来的特质,并且帮助他们往好的方向发展。

当我们明白孩子的许多行为反应和别人不同是来自于他的气质表现,而不是故意与自己作对时,我们对这些行为的接纳程度也会相对提高许多,也比较不会试图强迫孩子进入我们所设定的模式。同时,也才能够针对不同气质的孩子运用不同的教养策略,做不同的教育安排。

学会气质概念之后,也可以避免和别人比较。我们常常会听到爸爸妈妈这样说:"你怎么这么粗心,你为什么不像你哥哥一样小心一点。""你怎么这么胆小,你看那个弟弟多勇敢。"如果你了解每个孩子天生的特质都不一样,就不会去做这种无谓的比较了。

虽然气质是天生的,受到遗传的影响很大,但这并不表示后天的教养不重要。父母和后天环境的影响,可以帮助孩子调整天生的气质。不同气质的孩子,在面对同样的刺激时,大脑的运作方式大不相同。但近年来关于神经可塑性的研究发现,大脑是最容易受到经验影响的部位,有系统的训练,同样也能对大脑进行某种程度的塑形。所以,影响一个人性格的因素除了气质之外,生活经验也扮演着十分重要的角色。先天的气质加上后天环境的交互影响，形成一个人的性格。一个人的性格要到二十岁左右才会定型，所以在孩子青春期之前，都还有调整的空间。我们也许不能期待一个原本安静内向的孩子变得外向活泼；但是，我们的确可以协助一个害羞内向的孩子，学习用大方自然的态度去面对陌生人，并且做出适当的反应。要达到这样的目的，一定要先了解他，接纳他，然后再用适合他的方式引导，才能奏效。

因此，如果孩子的天生气质倾向比较极端，不容易适应社会，父母就更应该及早了解孩子的气质倾向，并且用适当的方法协助孩子调整自己。

气质与环境的配对

有"好的气质"和"不好的气质"吗？其实没有。任何一个气质向度都没有好或坏的差别，重要的是，孩子的气质与他所处的环境之间是否能和谐配合。如果孩子的气质与他所处的外在环境时时冲突的话，长久下来，孩子就容易出现适应困难和情绪困扰。

例如，一个个性文静、喜爱艺术的妈妈，希望从小培养孩子的美感经验，于是常常带着孩子去听儿童音乐会，参观美术馆。可是如果这个小朋友是一个活泼好动的孩子，在美术馆里他会跑来跑去，在音乐会中他会东张西望。于是，在长期被斥责、不被肯定的挫折经验之下，孩子很可能会发展出负向的自我概念，认为自己是个糟糕、不听话、调皮的孩子。

同样是这个孩子，如果正好有一个喜爱运动的爸爸，经常陪着他四处玩耍和运动，他可能会是同龄孩子中最早学会骑自行车、最快学会游泳的一个。他的自信和乐观也会在许多正向的经验中，点点滴滴地培养出来。

所以，孩子周遭重要他人的气质和价值观以及他们对待孩子的方式和态度，才是左右孩子心理健康与否的关键。因此，了解孩子的气质愈早愈好，父母和老师的教养方式如果能够配合孩子的特定气质，每个孩子都能快乐长成他自己的样子。还可以把孩子的气质特点提供给那些经常和小孩互动的照看者参考，让他们也学会配合孩子的气质来引领孩子。

在我们了解孩子气质的同时，也要觉察自己的气质，以及对孩子的期待是不是和孩子与生俱来的个性相冲突和抵触。随着孩子慢慢长大，父母可以用孩子理解的方式，帮助他认识自己的特质，学习在不同的情境中自我调整和控制，也学习选择适合自己的环境。

第 2 章　九大气质向度

1 活动量：好动小猴还是安静小猫

2 规律性：定时器还是太随性

3 趋避性：主动好奇还是害羞退缩

4 适应度：慢慢摸索还是速速调适

5 反应强度：淡定哥还是失控妹

6 情绪本质：开心果还是板脸族

7 坚持度：坚持到底还是墙头小草

8 注意力分散度：专注三小时还是三秒钟

9 反应阈：风吹草动还是不动如山

孩子篇

	从不如此	偶尔如此	经常如此	总是如此
1. 在游乐场玩时安定不下来，会不断跑跳，玩各种设施，精力充沛，活泼好动。	1	2	3	4
2. 平常出去玩很喜欢跑，很少能耐着性子走。	1	2	3	4
3. 全身上下活力十足，好像充满电力的电池，浑身是劲，不太需要休息。	1	2	3	4
4. 被要求坐在位子上不能离开时，全身会扭来扭去，小动作很多，无法安静坐好。	1	2	3	4

总分 10～12 分：活动量偏高
总分 13～16 分：活动量相当高

总分 ____

活动量低

	从不如此	偶尔如此	经常如此	总是如此

1. 去公园或游乐场时，大多是静静在一旁看别人玩。　　①　②　③　④

2. 和家人一起出门坐地铁或是在餐厅吃饭时，可以安静坐好，不会动来动去或是离开座位。　　①　②　③　④

3. 经常显得懒洋洋的，不太喜欢运动。　　①　②　③　④

4. 日常生活中大部分的时间都是从事静态的活动，例如坐着看书、看电视、画画、玩玩具。　　①　②　③　④

总分 10～12 分：活动量偏低
总分 13～16 分：活动量相当低

总分 _____

父母篇

	从不如此	偶尔如此	经常如此	总是如此

1. 平常的休闲活动多以动态为主，喜欢四处跑，对静态活动如看书、听音乐多半没兴趣，也没什么耐心。　　① ② ③ ④

2. 常常是想到什么就立即行动，常被人认为是行动派。　　① ② ③ ④

3. 精力充沛，不需要太多休息，每天睡眠的时间不需要很多。　　① ② ③ ④

4. 脑子里点子特别多，喜欢新鲜刺激的活动，常常忙个不停。　　① ② ③ ④

总分 10～12 分：活动量偏高
总分 13～16 分：活动量相当高

总分 ▢

活 动 量 低

	从不如此	偶尔如此	经常如此	总是如此
1. 平常的休闲活动以静态为主,例如看书,听音乐。	1	2	3	4
2. 被朋友认为很文静,或是太懒。	1	2	3	4
3. 常常需要很多睡眠,稍微动一动就觉得累,想要休息。	1	2	3	4
4. 不太喜欢运动。	1	2	3	4

总分 10 ~ 12 分:活动量偏低
总分 13 ~ 16 分:活动量相当低

总分 _____

> 和活动量大的孩子相处需要旺盛的精力,这种孩子的活力和能量即使是运动员都自叹不如。所以,如果父母之一也是个活动量大的人,就尽量让他(她)带着这个活力十足的孩子一起从事活动,这样彼此都能感到满足和愉快。

第 2 章 九大气质向度

1 活动量：好动小猴还是安静小猫

活动量是指孩子不论在睡觉或是醒着的时候身体活动量的多寡。有人说，睡觉的时候怎么也会有活动量？的确有。活动量大的孩子，就连睡觉的时候也会不安分，晚上入睡时在床头，早上起床时却发现他已经一百八十度滚到床尾去了。其实，这样的孩子在妈妈肚子里时，妈妈就可以感觉到他的活力十足，胎动特别多，小脚踢起来也特别有力。出生之后，妈妈会发现很难把孩子包在襁褓里，因为他总是不安分，小手小脚不时要伸出去舒展舒展。

由于好动，这样的孩子常常在床上动来动去，有一天不小心就学会了翻身，时间可能比其他孩子提早一两个月。接下来，他的所有动作，都因为好动而增加了练习的机会，这方面发展得比其他孩子快。但是妈妈别高兴得太早，等他开始会爬、会走之后，大人的辛苦才刚开始。活动量大的孩子总是忙个不停，所以他们不喜欢坐在婴儿车里，总想要爬出来自己走；等到会说话之后，更是叽叽喳喳说个不停。

当外在情境适合时，这种孩子就是"活泼可爱"的；当外在情境不适合时，他们就成了"调皮捣蛋"的，这些都要看大人从什么角度去解释。说话是另一个发泄能量的渠道，所以好动的孩子也很爱讲话，尤其是当他们的行动被限制时。例如，在车里，或是在教室上课时，他们内在的能量无处发泄，只好一直讲个不停。

相反，有些孩子的活动量偏低，总是静静的、乖乖的，常常是老师眼中的乖小孩。他们不喜欢大动作的活动，喜欢安静地做一些需要精细动作的活动。有时候父母会觉得他们太懒、太慢或不爱运动。不过，在幼儿园或学校里，很少会看到他们在人群中冲撞的

身影，相对的，也比较不容易受伤，或是和其他的小朋友起冲突。

带我出去玩，我就是乖小孩

孩子的活力和能量往往让运动员都自叹不如，所以，和活动量大的孩子相处需要旺盛的精力。如果父母也是个活动量大的人，就尽量带着这个活力十足的孩子一起去活动，这样彼此都会满足和愉快；如果父母很文静，很快就会受不了小猴子的折磨，不是举白旗投降，就是因为疲累过度，忍不住大声斥责。因此，父母对自己的状态和情绪的觉察就变得非常重要。当精疲力竭时，你可以寻求其他家人的支持和协助，给自己喘息的机会；或是帮孩子安排一个可以尽情宣泄能量的安全场所，自己也可以得到短暂休息，恢复活力。

父母要给孩子更多发泄精力的机会，对他的活力给予赞美。例如，带孩子去室内的游乐场玩，就是一个不错的选择。这种孩子需要的活动量比一般的孩子大很多，可能从幼儿园下课后，还要去公园跑几圈才能满足，这样晚上也比较容易入睡。父母应尽量避免带他去安静、限制他行动的地方，如音乐会、画展或优雅的餐厅等，以免增加孩子的挫折感，给彼此带来麻烦。等孩子的控制力有进步时，再考虑以渐进的方式接触这些环境，让孩子也有机会尝试不同的经验，并且看到自己的成长和进步。这时，从户外音乐会或是儿童戏剧开始，是比较好的选择。

若是孩子尚未学会自我控制，但又必须带他去安静的场合，请预先准备好一些让孩子消耗精力的玩具，或是在这个场合进行可以被接受的活动。在进入这个场所前，先约法三章，让孩子知道哪些事情是可以接受的，哪些事情是不可接受的。过程中，随时给孩子鼓励和提醒，并且视孩子的状况拿出法宝一、法宝二或法宝三等事先准备好的方案，转换孩子的活动，让孩子的活动量得到满足。

约法三章紧箍咒

日常生活中，如果孩子经常在特定的情境下出现类似的行为问题，就必须找一个彼此心情好的时候，针对这个问题进行讨论，并且制定法则和规范，这样才不至于重复同样的问题，或者发生问题时一再面临相同的情绪难题。

例如，去快餐店，孩子还没吃完东西，就开始在儿童娱乐区里跑来跑去，和别的小朋友玩上了。等到妈妈说要回家时，孩子却开始耍赖，大哭大叫着不想走。这时候就必须和孩子讨论出一个"紧箍咒法则"。规定的内容可以是：吃东西前要洗手；吃完东西才能去玩；在儿童区不可以跑来跑去；不可以吵架；妈妈说要回家时就一定要回家，不可以哭闹。如果遵守了规定，表示自己能管住自己，以后还有机会来；如果没有遵守约定，一个月（依情况自定）不能再来。

在约束孩子的行为时，大人常常只强调什么事情是被禁止的，孩子听到的是太多的"不可以"，却不知道自己可以做哪些事情。所以，在制定规定，做出限制的同时，如果可以同时提供孩子可以做哪些事情的选择清单，效果会更好。因此，如果在规定中再加入"在这里可以去儿童区玩，也可以小声聊天、画画或看书"等，将会使得这个规定更加完整。

家长可以依样画葫芦定出自家的"餐厅约定"、"超市约定"、"图书馆约定"。把相同情境下出现的问题行为，用一个大家都同意的约定来规范。清楚说明什么行为可以接受，什么行为不可以出现，遵守约定的奖励和惩罚是什么。约定的内容必须经过讨论并且彼此都同意。但是请家长切记，并不是约定好事情就结束了，有了约定并不能保证孩子就记住了这个约定。孩子是非常健忘的，所以每次进入快餐店（或是约定场所）之前，一定要停下来，和孩子一起复习一下之前制定的规矩，让孩子的行为有个清楚的参照标准，重新唤起孩子对规矩的记忆，只有这样，这些规定才能发挥应有的功用。

进入场所之后，适时的提醒，对好的表现给予鼓励，通常孩子都能够好好遵守规定，保持良好的行为。如果出现约定中的不当行为，一定要确实执行约定好的惩罚，并且让孩子清楚知道惩罚的原因。

无聊时的小游戏

活动量大的孩子最怕无聊,他们没事做时就浑身不舒服。在一个被限制的环境下,例如,长途旅程的车厢中、在餐厅等候用餐,或是等待父母和朋友聊天时,就很容易出状况。这时可以提供一些小游戏,让好动的孩子暂时有宣泄能量的出口,又不至于造成干扰。

1. 词语接龙:和孩子玩词语或成语接龙的游戏,例如:公交车→车票→漂亮……

2. 玩扑克牌、玩游戏、下棋,或是画画……

3. 猜谜:除了常见的谜语和脑筋急转弯之外,还可以自己编谜语。这种游戏比较容易,不仅可以消磨时间,还可以训练孩子的创造力、想象力和表达能力。大家可以轮流出题目给别人猜。开始时不要提示太多,线索可以逐渐增加,不然很容易就猜到了。例如:有一种水果,皮是绿色的,硬硬的,不用削皮就可以吃;有一种东西,经常出现在厨房里,口渴时需要使用它,太热时它会尖叫。

4. 完全对抗无聊手册:和孩子一起制作一本"完全对抗无聊手册",让孩子一页画一种游戏。等下一回孩子又开始抱怨无聊时,就请他去翻翻自制的"完全对抗无聊手册"吧!

把缺点变成优点

活动量大的孩子浑身上下充满了能量，随时都要爆发。如果能将孩子的能量做适当的引导，让能量宣泄出来，就不会因为孩子过多的活动量而困扰，反而能将过于好动变成优点。

1. 帮助孩子培养对运动的兴趣。例如，游泳、桌球、骑自行车、溜滑轮等，既可发泄精力又可健身，孩子也可以从学习中获得成就感和正向的自我价值感。现在很多青少年喜欢的街舞，也是引导能量正向发展和宣泄的一个好方式。

2. 以有趣的方式引导孩子帮忙做家务。例如，把做家务变成竞赛，或想象成一种游戏，提高孩子参与的兴趣。活动量大的孩子因为随时准备要行动，而且动作很快，只要方法得当，他们比起一般活动量适中的孩子要勤快得多。也可以常请他们帮忙跑腿，并给予鼓励。

3. 孩子上学之后，可以请老师让孩子担任小帮手。一方面可以让孩子消耗过多的能量，另一方面可以通过帮助老师和同学做事，建立正向的自我概念。例如在课堂中，指派发作业本或擦黑板等工作。有经验的老师，会知道如何运用孩子的能量，帮助他们往正向发展。

4. 当孩子被限制，不能动弹时，会烦躁不安。当他们可以自在活动，或手上有一个东西可以把玩时，比较能够专心思考和学习。所以，应尽量运用一些让孩子活动肢体的学习方式。例如：练习拼音时，用大积木做成字母方块，让孩子搬来搬去；做算术时，可以在地上画格子写上数字，让孩子用跳格子的方式做答；让孩子一边转呼啦圈一边背书。通常，在动态的情境下，好动的孩子学习状态最好。

5. 在成长的过程中，让孩子了解到自己是一个精力充沛的人，让他学习安排自己生活中的作息内容，也让他对自己的活力做出适当的运用和发挥；还要在行动受限的情况下，让孩子为自己的能量找到出口。

我的孩子是多动儿吗？

活动量大的孩子并非就是多动儿。注意力缺陷多动症的儿童（俗称多动儿）必须具备下列三个主要的特征：

1. 注意力不集中：上课不专心，容易分心，经常粗心犯错、丢三落四，较难持续完成一件工作。

2. 活动量大：在座位上常常扭动不安，或是经常离开座位，四处走动、攀爬，话很多，静不下来。

3. 容易冲动：还没听完问题就抢着回答，经常打断正在进行的活动。

通常孩子进入小学，开始在结构化的情境中进行团体的学习时，注意力缺陷多动症的问题才会被注意到。家长若是担心孩子有此倾向，可以在孩子上小学一年级（或在幼儿园大班阶段），带孩子到各大医院的儿童、青少年心理卫生门诊进行评估和治疗。目前最有效的治疗模式是药物治疗、行为改变技术和儿童自制能力训练，同时配合家长、老师有效的管教策略。

Q: 这半年来,小孩几乎每晚睡觉时都会哭泣、尖叫、说梦话,说的梦话都跟白天的情景有关,是活动量太大吗?该怎么办?

A: 有夜惊情况的小孩,通常都很敏感、好动,白天往往也是坐立不安。他们经常带着疲惫的身体和紧张的情绪上床睡觉。半夜的情绪发泄是孩子舒缓体内紧张的方式,睡不稳就像是白天身体烦躁不安的延伸。
以下的几种方法可以帮助孩子改善夜惊:

1. 睡前一个小时,让小孩处于稳定的气氛中,酝酿在平静的情绪中入睡。上床前听轻音乐或讲故事;给孩子一些安心的保证,例如:"有小天使保护你,今晚你会睡得很好。"调整环境,建立安全感,如开夜灯、开门睡觉等等。

2. 白天尽量避免接触太多刺激,或参与让人兴奋的活动。睡前不要指责孩子,尤其不要用威胁的方式逼小孩听话,例如:"再吵,就叫大灰狼把你吃掉。"

3. 四到六岁的孩子梦魇的情况会更严重,因为这个时期,孩子的想象力正蓬勃发展,对事物常有许多联想,要避免让孩子接触暴力、恐怖的电视节目或故事书。

4. 孩子说梦话的内容大致与引起焦虑的情境刺激有关。小孩说梦话时，父母可以仔细听，了解他的困扰所在，然后找时间和孩子聊聊，或是让孩子画出害怕的东西。然后，利用孩子的想象力创造出对抗的力量。父母可以和孩子一起做武器或法宝；或是发明咒语、魔杖；平安符有时也有帮助。勇敢面对害怕的梦境，不但可以舒缓孩子的害怕情绪，还能增强自信心和胜任感。

5. 观察孩子是不是有压抑的情绪或不安全感，了解是否有受到惊吓的经验或压力。例如，父母吵架、和同学吵架，或是被处罚。许多未解决的负面情绪，可以在睡前和孩子聊天以化解压力，并对新的一天充满正面的期待。

6. 接纳孩子的恐惧和害怕，帮助他一起解决，不要说他是胆小鬼。

孩子篇

规 律 性 高

	从不如此	偶尔如此	经常如此	总是如此
1. 每天到固定时间就会醒来，到固定时间就想睡觉。	1	2	3	4
2. 每天会在固定的时间喊肚子饿。	1	2	3	4
3. 日常生活的作息有自己的规律性，即使是在假日也不会有太大的变化。	1	2	3	4
4. 每餐的食量大致差不多。	1	2	3	4

总分 10 ~ 12 分：规律性偏高
总分 13 ~ 16 分：规律性相当高

总分

规 律 性 低

	从不如此	偶尔如此	经常如此	总是如此
1. 每天的作息时间都不固定，有时候早睡，有时候晚睡，有时候要睡午觉，有时候又不睡午觉。	1	2	3	4
2. 每天喊肚子饿的时间都不一定。	1	2	3	4
3. 到了假日，作息时间就很难预测。	1	2	3	4
4. 食量忽大忽小，每一餐都不太固定。	1	2	3	4

总分 10～12 分：规律性偏低
总分 13～16 分：规律性相当低

总分 _____

父母篇

规律性高

	从不如此	偶尔如此	经常如此	总是如此

1. 每天起床、午睡、晚上入睡的时间都大致固定。　　1　2　3　4

2. 每到了固定的时间，就会觉得肚子饿。　　1　2　3　4

3. 即使到了假日，也会维持和平日差不多一样的作息规律。　　1　2　3　4

4. 生活喜欢规律、可以掌握的感觉，不喜欢生活作息有太多的变化。　　1　2　3　4

总分 10～12 分：规律性偏高
总分 13～16 分：规律性相当高

总分

规 律 性 低

	从不如此	偶尔如此	经常如此	总是如此
1. 每天起床及入睡的时间都不太一样，依当天的状况而定。	①	②	③	④
2. 肚子饿就去填饱肚子，不一定按照三餐的时间进食。	①	②	③	④
3. 喜欢随性的生活，对于生活作息的变化能够有弹性地适应。	①	②	③	④
4. 假日的作息时间会和平日有很大的不同。	①	②	③	④

总分 10 ~ 12 分：规律性偏低
总分 13 ~ 16 分：规律性相当低

总分

> 宝贝的生活作息都很正常吗？还是每天肚子饿、想睡觉、想大便的时间都不一定？或是常把东西乱丢，桌上东西乱成一团？规律性低的孩子，常让父母摸不着头绪。

2 规律性：定时器还是太随性

每个孩子体内都有一个生物时钟。生物时钟规律性高的人，外在的表现就是，每天在固定的时间肚子饿，在固定的时间想上床睡觉。通常在孩子出生不久，父母就可以很快掌握他的作息规律，观察到孩子有规律的日常作息。这些孩子每隔三到四个小时就哇哇大哭

一次，父母看表就可以为他们提早准备牛奶，而且他们每次喝的奶量都差不多。他们每天在固定的时间大便；可以一觉睡到天亮，和大人的作息一致。长大之后，这样的孩子在日常生活中的作息也很有规律。例如，放学回家后，大致上的作息都是固定的；睡前也会有固定的睡前仪式；自己的玩具和用品摆在固定的地方；再大一点，喜欢整理抽屉，或是将杂乱的东西整理得井井有条。

有些孩子却正好相反，他们的生物时钟规律性很低。每天肚子饿、想睡觉、大便的时间都不一定，父母也很难对此做出预测。有时候四小时吃一次，食量很大；有时候两个小时肚子就饿了，又只吃一点点；有时候一觉睡到天亮；有时候又在白天睡大觉，半夜精神抖擞，完全无法预测，把新手父母搞得叫苦连天。长大之后，他们常常乱丢东西，书桌乱七八糟；帮他整理，他还会不高兴。这表示他乱中有序，你整理之后，他却找不到东西了。

有一好，没两好

规律性高的孩子让父母容易预测和掌控，知道他的状况和需求；规律性低的孩子则常令父母搞不清楚状况，不知道他什么时候饿，什么时候累。但是相对的，规律性高的孩子适应环境的能力会差一些，当生活作息的规律改变时，他们会不太容易调整自己。

例如，每天吃完午饭固定要睡午觉的孩子，在幼儿园里和老师配合得会很好。但周末出去玩时，一到下午他非睡午觉不可就比较麻烦。反倒是规律性低的孩子，可以在不同的情境下，有不同的调整。好玩的时候，他可以硬撑着不睡觉，等到适当的时机再睡。日常生活中偶尔出现的不规律状况，他们也可以适应得很好，一点也不在乎。

周末或假日，如果家里有个规律性高的小宝贝，他会依照平日的生理时钟起个大早，然后跑到父母的旁边，逗父母起来陪他玩，大人想赖床都不可能。这时候你就会想，如果他规律性低一点，大家一起睡到中午，那该多好啊！

规律性高的孩子： 当生活作息时间有所变动时，要提早提醒孩子，让他有时间做好心理准备和进行调适。如果孩子对规律的要求太高，缺乏弹性，不要一味地配合他，偶尔也要让他学习适应不规律的情境，提高对环境的适应能力。

规律性低的孩子： 父母要在孩子闹情绪时，注意孩子内在的需求，他可能是累了或饿了。因为孩子可能在不是吃饭时间饿了,或不在该睡觉的时间想睡觉;甚至可能到了晚上十点,不但精神奕奕,还说肚子饿,让人火冒三丈。如果因孩子的规律性太低而造成困扰,父母可以用渐进的方式建立规律。但是,请记得孩子并非故意整你,或是故意作对,他只是有一个不规律的生理时钟罢了。

其实,父母的规律性对孩子的作息也有影响。如果父母的规律性高,整个家庭会形成一种有规律的气氛,孩子自然会有规律作息。如果父母本身的规律性低,家里也没有一定的作息时间表,每天吃饭和上床睡觉的时间都不一定,那么,孩子要建立规律性也会相当困难。

及早建立生活常规

1. 建立入睡的习惯

每个孩子都有属于他自己独特的入睡习惯。有些孩子睡前会要求父母讲故事,坚持度高的孩子会在读完一本之后再读一本,直到父母精疲力竭、高举双手投降为止。所以,最好和孩子约定,每天只讲一两个睡前故事。有的孩子睡前习惯喝一杯温牛奶,有的喜欢抱着娃娃或是特定的被子等，大人可以找出让孩子情绪平静和培养睡意的关键行为，并且避免让孩子情绪高涨的事情发生，如睡前喝巧克力牛奶或是奶茶。

有些孩子越到晚上想法越多。他可能在晚上10点突然吵着要完成某个计划，如动手做玩具、画画，或是看书等，这时，父母可以事先和孩子约定好，晚上10点之后出现的灵感，都会帮他记在本子上，等到白天适当的时间再来完成。有时候，孩子正专注在一项"伟大的工作"上，没办法抽身，不愿被睡觉打断，父母可以提前提醒他："再过20分钟就要上床睡觉了，你得开始准备暂时结束这份工作，明天再继续。"

2. 建立起床的习惯

早上起床时，为了提振精神，最好能播放卡通片的主题曲、好听的儿歌、节奏快的流行音乐或进行曲，藉由环境的气氛感染，帮助孩子尽快清醒，并且快速完成梳洗工作。妈妈应尽量将催促的气氛转变成愉快欢乐的气氛，把大声的喊叫："起床了！再不起来就要迟到了"，改变成亲亲孩子的小脸蛋，摸摸小肚子，在他耳边轻声说："早晨起床喽，瞌睡虫起床啦。"让孩子在笑容中清醒，这样全家都可以快快乐乐出门，迎接新的一天。

3. 建立生活规律

父母每天最期待的事情莫过于，孩子从幼儿园回家之后，可以按照时间表完成一连串的例行工作；最完美的结局就是，孩子能在指定的时间上床，并且三秒钟入睡。想要实现这个梦想，父母可以运用代币制度来帮助孩子建立生活常规。学龄前的孩子对贴贴纸、盖印章作为奖励的方式很感兴趣，可以藉由孩子想要得到奖励的荣誉感，或是渴望物质满足的欲望来设计具体的奖品，建立良好的生活习惯。

- 具体列出目标行为，最多三到五项，太多项目孩子记不住。
- 说明计划进行的方式，将图表贴在明显的地方，如冰箱。每天只要做到一项约定，就可以得到一张贴纸或一个印章。

代币制度的成败在于，父母要根据孩子的发展阶段来决定孩子的目标行为，奖品结算的时间点、奖品的吸引力都要拿捏得刚刚好。只有孩子在乎，他才有动力改变自己的行为。每过一段时间，要改变奖励方式，增强吸引力，维持新鲜感。一段时间后，孩子的行为如果已经修正,奖品要从物质转成语言,再转变成行为本身带来的成就感。物质只是一开始的诱因,很多好的行为习惯本身就会带来成就感,例如,洗完手之后干净的感觉、刷完牙后清凉的感觉、和人打招呼后别人的回应等等。

每天从幼儿园回家的路上,可以和孩子聊一聊,分享他一天的生活,放松心情。回到家,让孩子自己脱鞋,挂外套,放书包,将袜子放进洗衣篮,洗手,这些好习惯都可以用代币制度来建立。晚餐常常是让人头痛的问题,有些孩子在幼儿园可以自己吃得很好,但回家却要父母喂、边吃边玩或挑食。如果孩子吃饭经常拖拖拉拉,可以和孩子约定,如果超过 40 分钟还没有吃完,就不能再吃,晚上肚子饿了也没有点心。父母要狠心饿他一次,有了这个经验,孩子通常就会认真吃饭。但这个方法不是对每个孩子都有效果,孩子的行为常常反映出父母的坚持度。如果父母不够坚定,孩子就会有很大的空间自由选择,他自然就会选择自己认可的行为。大部分的孩子到上小学时,都会自己吃饭。所以如果不是很严重的困扰,就不一定要把孩子当成士兵一样,采用军事化的方式严格训练。

孩子还不懂得看钟表,所以可以利用卡通节目作为时间的标示。例如,看完 ×× 节目之后,就要去洗澡。养成孩子固定的作息，也可以用在固定的时间放音乐（或用定时器）的方式，当孩子听到音乐，就表示应该刷牙、准备上床睡觉了。

先来个小测验

孩子篇

主 动 好 奇

	从不如此	偶尔如此	经常如此	总是如此
1. 面对陌生人时，能够大方地打招呼和谈话。	1	2	3	4
2. 对于新鲜的事情充满好奇心，会勇敢地尝试。	1	2	3	4
3. 到陌生环境，能很快融入，并且能与人自在互动，能主动和其他小朋友一起玩。	1	2	3	4
4. 每次接触新的食物或玩具时，都会显示出想要试试看的好奇心。	1	2	3	4

总分 10 ~ 12 分：偏向主动好奇
总分 13 ~ 16 分：相当主动好奇

总分 ___

害羞退缩

	从不如此	偶尔如此	经常如此	总是如此
1. 见到陌生人时,常常害羞得不知道该怎么办。	1	2	3	4
2. 进入新环境时,需要熟悉一段时间,才能轻松融入。	1	2	3	4
3. 面对从未尝试过的食物或是活动时,通常第一反应是拒绝或逃避。	1	2	3	4
4. 不太敢尝试新的活动,要看别人做过才敢做,显得比较胆小、怯懦。	1	2	3	4

总分 10 ~ 12 分:偏向害羞退缩
总分 13 ~ 16 分:相当害羞退缩

总分

父母篇

主动好奇

	从不如此	偶尔如此	经常如此	总是如此
1. 觉得自己胆子很大，很少会感到害怕。	1	2	3	4
2. 喜欢尝试新鲜的刺激和冒险。	1	2	3	4
3. 和陌生人攀谈不是问题。	1	2	3	4
4. 喜欢生活多一点变化，只要是新鲜事物，都会引起好奇心。	1	2	3	4

总分 10~12 分：偏向主动好奇
总分 13~16 分：相当主动好奇

总分

害 羞 退 缩

	从不如此	偶尔如此	经常如此	总是如此

1. 觉得自己是个胆子比较小的人。　　1　2　3　4

2. 尽量避免从事可能会有危险的活动。　1　2　3　4

3. 和陌生人接触时，比较容易紧张。　　1　2　3　4

4. 习惯接触熟悉的事物，不太喜欢尝试没做过的事，例如买一些没喝过的饮料。　1　2　3　4

总分 10 ~ 12 分：偏向害羞退缩
总分 13 ~ 16 分：相当害羞退缩

总分

> 对新鲜事物总是充满着主动和好奇，对于陌生人也不怎么畏惧，完全是一副好奇宝宝的样子，这样的孩子属于趋避性偏趋的孩子。相反，趋避性偏避的孩子则是一副小家碧玉的样子，不太敢尝试新的活动。

3 趋避性：主动好奇还是害羞退缩

趋避性是指孩子面对新鲜的人事物时，第一个出现的反应。趋避性偏趋的孩子，对所有新鲜的事物都会感到好奇；趋避性偏避的孩子则正好相反，任何新鲜的人事物对他而言都是陌生的，需要观察一段时间才能接受。孩子对于人、事、物的趋避反应不一定完全相同。有些孩子可能面对陌生人时比较害羞，但对新事物则很好奇，勇于尝试；也有些孩子可能不敢尝试新的活动，但面对新朋友时反倒显得落落大方。

孩子呱呱坠地之后，开始面对一连串新鲜的事物，每种感觉都十分强烈。第一次吃水果泥、第一次出门、第一次坐电梯、第一次去公园、第一次看医生……生命是一连串美妙的强烈感受，对主动又好奇的孩子而言，这个过程充满了开心和喜悦；而对害羞又退缩的孩子而言，每一个新的经验都是威胁和挑战。

我好奇，但不是破坏王

主动又好奇的孩子通常胆子比较大，遇到新鲜的事就想凑上去看热闹。这种孩子第一次上幼儿园时，父母不必担心他会因为害怕分离而哇哇大哭，因为幼儿园里新鲜的玩具已经完全吸引了他的注意力。通常他会很兴奋地冲向玩具，开心地玩起来，反倒是妈妈有些依依不舍。

但父母要适时提醒孩子，好奇心可能带来危险。有些孩子看到狗会退避三舍，有些孩子却不论什么狗都要过去摸一把。家里如果有个好奇宝宝，一定要教会他分辨路上的小狗是否友善。如果遇到表情凶恶、态度不友善的狗，最好不要靠近。对于主动接近的陌生人也要有所警惕，不要因为好奇，被玩具、糖果吸引而发生危险。

主动好奇的孩子喜欢冒险和实验，越是被禁止的事，越想试试。所以他们经常趁父母不注意，去碰触那些危险的禁区。给父母的建议是，对于那些会引起孩子好奇心但又必须被禁止的事情，最好能在父母的监控下，带着孩子做一次。一方面满足他的好奇心，另一方面也让他学习什么才是正确的做法，以及如何避免危险。防不胜防，百密必有一疏，这样做比完全禁止要来得更好。

例如，孩子会好奇妈妈的口红，与其东藏西藏，不如带着孩子一起用一次。这样不仅满足了孩子的好奇心，还可以教他正确的用法，他就不会趁妈妈不在时，把口红当彩笔，画得不可收拾。如果孩子对打火机好奇，可以在家长的陪伴下，让孩子点一次火，并让他知道火的危险。但要常常告诉孩子，如果想尝试什么新鲜的事情，最好找爸爸妈妈一起陪着做。

好奇的孩子容易喜新厌旧，总是期待新鲜的刺激。建议父母可以将家里的玩具藏起来一半，隔半年后再拿出来，然后把另一半玩具再藏起来。孩子看到半年没见的玩具，会觉得是全新的，充满了新鲜感。此外，加上孩子半年来的成长发展及能力上的进步，会让他用不同的方式玩同样的玩具，赋予玩具一个全新的生命。

好奇的孩子如果又加上活动量偏高，可能会有很强的"破坏力"。孩子的行为看起来就像是在破坏东西，其实他的本意并不是故意要破坏，也许只是因好奇机械内部的构造，而将家里的电器用品或是玩具拆开来研究，研究完了却装不回去。孩子也可能不按照一般方法玩玩具或使用物品，把东西弄坏，搞得一团糟。这些看似破坏性的活动，其实是孩子创造力的一种展现。他们是想在一般的用法和玩法之外，再创造一点新的花样。

这个时候父母的反应就非常关键。如果鼓励孩子发挥创造力，就必须提供更多方法来支持孩子的好奇和创意，当然可以采取一些不影响生活的方法。例如，让孩子拆一些坏掉的电器用品，对孩子的"实验"给予更多的包容，说不定一位未来的发明家就这样诞生了。

我害羞，但我也希望勇敢

害羞退缩的孩子在面对新鲜经历时，容易选择逃避或是犹豫。他们并非不想参与，只是比较小心谨慎。他们想要先观察状况，等自己了解清楚、安心之后再行动。两三岁时，有陌生的客人来家里，他会像无尾熊一样抱着妈妈，躲在妈妈的怀里。但是他的害怕并不表示他对所有新鲜的事物都没有兴趣，其实他还是很想接触的，只是他选择默默在一旁观察，用眼睛学习。10到20分钟后，孩子觉得这个情境是熟悉的、安全的，他就会自动地离开妈妈，开始参与互动和游戏。

这种情形会在孩子每一次新的经历中重复上演，所以他总是慢半拍。甚至有时候，他热身太久，才准备开始时，别人却已经要结束活动了，结果就是他没有机会尝试,感到很受挫折。因此,对大人来说,在进入陌生情境之前,帮助孩子提早热身,提早到场熟悉,预先做好准备,让他能和其他孩子一起开始行动,是一件相当重要的工作。

小心谨慎的孩子通常胆子比较小,父母会觉得:"你是不是没有胆子?"其实孩子不是故意胆小,也不是因为小时候被什么东西吓到了,才没有安全感。害羞退缩的孩子对外在刺激的生理反应,通常比好奇的孩子来得强烈。所以,同样的事情,对好奇的孩子而言,引不起任何感觉,而对害羞退缩的孩子,则可能很受刺激,让他心跳加速,呼吸急促。就像有些人坐过山车、海盗船觉得很过瘾,有些人却觉得像快死了一样。每个人的天生体质对刺激的反应是不一样的,所以可以用渐进的方式训练孩子的胆量,但千万不要强迫孩子去做超过生理机制能够负荷的事情。

给孩子第二次机会

带小心谨慎的孩子接触新的事物时要循序渐进。从微量温和的刺激开始,等孩子适应了,不会害怕了,再逐渐增加刺激的量。例如,带孩子去游泳,不要一下子就把他丢在水里,或用水泼他。对你而言很好玩的事，对他可能很恐怖。如果孩子因为突然面对一个太强烈的刺激而被吓到，可能从此就会对那种活动退避三舍，父母得花更多时间帮助他克服恐惧，这无异于自找麻烦。如果孩子的气质比较小心谨慎，尽量从温和、不太让人紧张的活动开始，孩子才会喜欢上这种活动，而逐渐愿意接受更刺激的部分。

　　孩子通常会因为害怕而拒绝参与。通常第一次拒绝并非他的本意，不要因为拒绝就顺着他，从此不再从事这项活动。大多数的孩子，在经过观察热身之后，都会渐渐喜欢上各式各样的活动。可以从他们的表情观察到他们心情的转变。通常一开始他们的表情都是相当警戒；经过一段时间之后，他感觉安全了，表情就会比较放松，开始有些笑容，这时候表示他已经准备好可以进行下一步的尝试。有时候孩子会拒绝尝试新的食物，没看过的东西都不敢吃。同样不要轻易相信他的第一个反应。你可以吃给他看，让他看一看、闻一闻，鼓励他吃一点点。通常一段时间之后，他足够了解了，就会愿意尝试。他吃了一口之后，也许会非常喜欢呢！

　　由于小心谨慎的孩子通常需要先观察、了解状况，确定安全之后，才愿意亲身去体验，所以，如果有一个年龄相仿的孩子在一旁示范，会非常有帮助。孩子看见别人在做，就知道自己可以怎么做，可以预期可能的效果，也愿意模仿别的孩子。所以，如果能跟着有经验的哥哥、姐姐或是同伴一起，那就太幸福了！

7招破解害羞，勇敢面对新鲜事

1. 事先暖身：在孩子进入幼儿园或是小学之前，经常带他去那里走动或是玩耍，培养对环境的好感和亲切感。等到正式开学时，那个环境就不会是一个"新的"环境，自然也就不会有太多压力。

2. 循序渐进：带小心谨慎的孩子接触新的事物时，要循序渐进。从温和、少量的尝试开始，让孩子慢慢适应。成功的经验积累起来后，孩子就不会再那么紧张害怕。

3. 接纳情绪：每次当孩子面对新的挑战而选择退缩时，不要指责或是取笑他，也不要对他说："不要怕，有什么好怕的，它会吃掉你吗？"这样说不但不能鼓励他，反而让他觉得自己的情绪是不对的。他会更加焦虑紧张，还会让他觉得自己不被了解。你可以抱着他，并且帮他把心里的感觉说出来："新的环境很陌生，让你有点害怕，对不对？"要让孩子知道你可以理解他的感受，并且接纳他的情绪。你也可以告诉他，自己小时候，遇到这种情况也会害羞。他知道别人也会有这种感觉，自然会感觉松一口气，就更有勇气去尝试了。

4. 模仿学习：如果有一个年龄相仿的孩子在一旁陪伴或是示范，孩子就会比较放心。可以告诉孩子："没关系，先在旁边看一看，看看别人怎么做。等你准备好了，深呼吸，让自己放轻松，再试试看。"鼓励他从观察别人的行为来学习如何自处，并且降低焦虑。

5. 回想成功的经验：你可以提醒孩子，他上次是怎么做到的，帮助他回忆过去成功的经验，这会让他对自己更有信心。"上次你去参加××课程，一开始也是很害羞，后来不是交到很多朋友吗？"

6. 练习厚脸皮：有的孩子不敢尝试，可能是因为怕被别人笑话。他们太在意别人的反应，常常觉得别人都在注意他。你可以让他在一旁静静观察周围的人，他会发现没有人注意他，每个人都在注意自己。这时，也可以教他如何厚脸皮一点，以及自我解嘲的方法。

7. 容许孩子自己决定何时开始踏出第一步：当孩子的情绪得到适当的安抚，不再那么紧张焦虑时，他就不会再将能量耗费在情绪上，而有更多的注意力可以去应付环境的要求。

当孩子可以用自己的速度去面对新的事物，而不是被强迫丢在一个陌生的环境时，他就可以从容自在地面对，也就能带来好的成功经验。几次练习之后，孩子自然就会知道，其实面对新的事物并不可怕。然后，面对新事物的热身时间就会愈来愈短，甚至可以跟其他孩子一起开始活动，从而看不出来他内心对陌生情境的犹豫和害怕。

此外，父母可多带孩子去公园、超市与朋友或陌生人互动，增加他面对新事物的机会。同时，父母可以在生活中多做正确的示范，孩子在观察学习中，也能逐渐学会应对的方法。在经过多次的练习，积累了较多的正向经验之后，孩子对于陌生情境的恐惧和担心就会大幅减少。

6 招克服恐惧

如果孩子因为非常胆小害怕，而无法发展某些重要的能力，例如不敢上台说话，或不敢下水游泳，家长可以用渐进的技巧，帮助孩子克服恐惧。

1. 确定孩子的问题是否需要调整：这要看孩子害怕的事情会不会影响他的生活。例如，很多人怕蛇，但是都市生活中很少遇到蛇，所以不见得需要特别的处理和训练。有些人看到蟑螂就吓得惊声尖叫，可是蟑螂只在少数地方出没，不见得会造成生活上的困扰，所以不一定非要训练到不怕蟑螂不可。不过，如果孩子因为太害羞而不敢上台讲话，或是因为怕水而不敢学游泳，就可能会影响到他的学习和适应性。

2. 制定目标：确定了需要调整的行为之后，就要制定目标。这个目标可以是"学会游泳 15 米"，或是"能站在众人面前说故事"等具体的行为目标。

3. 评估孩子目前的状况：孩子目前的状况可能距离目标非常遥远，不过至少是个起点。家长可以测试孩子目前能做到的程度。

4. 将目标拆解成小步骤，逐步往目标迈进：从孩子能做的事情开始练习，慢慢增加难度，向目标行为接近。例如，不敢在众人面前讲故事的孩子，要先练习跟妈妈讲故事，然后在家人面前讲，再练习在老师面前讲，在好朋友面前讲，最后再在几个人面前讲故事。

5. 每前进一步，都要大力鼓励孩子：孩子学习的过程可能很漫长，但一定要为他的努力喝彩。让他看到自己的进步，才会有信心继续努力下去。

6. 教导孩子放松的技巧：在进步的过程中，孩子面对的挑战越来越难。当他感到紧张害怕时，可以教孩子用深呼吸的方式，帮助自己稳定情绪。

蒙台梭利教育经典
每位父母都应该知道的《童年的秘密》

扫码免费听，20分钟获得该书精华内容。

孩子篇

	从不如此	偶尔如此	经常如此	总是如此

1. 孩子离开家，换环境时，能够很快适应，不会闹情绪。　　1　2　3　4

2. 当事情的发生与孩子原先的期待不同时，他可以很快转换心情，适应新的情况。　　1　2　3　4

3. 在和同伴相处时，如果和别人意见相左，很容易接受别人的意见。　　1　2　3　4

4. 正在做的活动被要求停止时，可以很顺利地从上一个活动转换到下一个活动。　　1　2　3　4

总分 10 ~ 12 分：适应度偏高
总分 13 ~ 16 分：适应度相当高

总分 _____

适应度低

	从不如此	偶尔如此	经常如此	总是如此
1. 原定计划因故有所变动时，孩子会表示抗议。	1	2	3	4
2. 正在做的活动突然被要求停止时会很难接受。	1	2	3	4
3. 和同伴相处时，不容易接受和自己不同的游戏规则与玩法。	1	2	3	4
4. 生活中如果出现突然取消出游或朋友搬家等突发性的改变，会出现情绪反弹。	1	2	3	4

总分 10 ~ 12 分：适应度偏低
总分 13 ~ 16 分：适应度相当低

总分

父母篇

 适 应 度 高

	从不如此	偶尔如此	经常如此	总是如此
1. 外出旅行时，很容易适应不同的环境。	①	②	③	④
2. 当事情的发生与原先的计划和预期不同时，可以很快调整自己去适应改变。	①	②	③	④
3. 很容易融入新的工作环境，不会格格不入。	①	②	③	④
4. 在团体中有不同的意见时，可以很快了解状况，并达成妥协。	①	②	③	④

总分 10 ~ 12 分：适应度偏高
总分 13 ~ 16 分：适应度相当高

总分

适 应 度 低

	从不如此	偶尔如此	经常如此	总是如此
1. 生活环境改变时，需要一段时间才能适应。	1	2	3	4
2. 当事情的发生与原先的心理预期不同时，常会感到很难接受。	1	2	3	4
3. 到了新的工作环境或是加入新的团体时，通常需要一段时间的适应期。	1	2	3	4
4. 在团体中不容易顺从众人的意见，不容易受影响，有自己的主见。	1	2	3	4

总分 10 ~ 12 分：适应度偏低
总分 13 ~ 16 分：适应度相当低

总分

> 孩子在面对外在环境或生活的变动时，若能将自己适应外界的能力调整得很好时，代表孩子的适应度高；反之，适应度较低的孩子，当环境改变或事情不如他预料的情况时，往往很难调整自己。

4 适应度:慢慢摸索还是速速调适

一群小朋友在公园一起玩,跑来跑去,嘻嘻哈哈好开心,妈妈们在旁边聊天谈家常。过了一段时间,聊天差不多告一段落了,几个妈妈大声喊着孩子回家:"宝贝,要回家了!"

这时候,有的小朋友开心地说"好",快速跑向妈妈;有的小朋友却涨红了脸,大声吼"为什么",一点也没有要离开的意思。

每个人每天都在面对转变。大的转变如搬家、转学,或出去旅游;小的转变如停止游戏准备回家,在幼儿园里每一节课的转换,原本说好要出去却临时取消,本来说好吃饺子却吃面。

孩子面对环境或生活变动时,调整自己去适应外界的能力各不相同。有些孩子适应度较高,当环境或作息突然改变时,可以像变色龙一样,很快调整自己,去配合外在环境的要求。相反,适应度较低的孩子,当环境改变或是事情不如他所预期的时,往往很难调适

自己，需要花费比别的孩子更多的时间和能量，才能适应和配合新的转变。

适应度高的孩子让父母觉得比较轻松，不管外在环境如何改变，他总是能很快适应，没有任何冲突和不满。在这个瞬息万变、计划赶不上变化的时代，这样的特质比较具有弹性，可以随机应变。但是这样的适应力有时也会带来不好的结果。如果环境不良时，适应度高的孩子也会很快融入，并且被环境同化。所以，在孩子成长过程中，父母要特别注意他的同龄人和环境的影响，尤其到青少年阶段，孩子和朋友在一起的时间比家人还要多，如果交了坏朋友，父母得花更多心力来陪伴和导正。

自己做计划，慢慢摸索

适应度低的孩子在面对生活变动时常常很难接受，因为他们习惯在心里建立一个未来的预期。如果外在环境突然变化，或是不如预期，他们需要一段时间来调整心里的预期才能接受改变。例如，孩子原本在幼儿园里画画，突然妈妈来接他回家，适应度低的孩子就很难接受这样突然的改变，因为这和他原本的心理准备不同。妈妈可以给孩子10分钟的时间做心理的转换，5分钟后再提醒一次，这样孩子就有比较充裕的时间调适自己，去适应这个转变。

每一件事情的开始和结束都是关键时刻。适应度高的孩子可以顺利通过，你甚至没有注意到他存在转变，自然地就从一件事进入下一件事。适应度低的孩子则会突显出每一件事情的开始和结束，他总是会在这些关键时刻大声抱怨，因为要跨越这些转变，对他而言有太多的困难。

如何帮助孩子适应转变

1. 在日常生活中建立可预期的生活规律。规律可以增加孩子的控制感，让他可以进行心理准备，预期下一个活动是什么。

2. 减少生活中的改变，尽量让日常生活维持一定的规律性。孩子不喜欢意外，出乎意料的事情会让他心烦意乱。

3. 要开始一件事之前，事先预告，尽可能告诉孩子会出现的情况和进行的步骤，预做准备。适应度低的孩子喜欢事先知道他会面临的事情和处境。所以他常常会问：等一下要去哪里？那里有什么东西？我们可以玩多久？请耐心向他解释，不要对他的问题感到厌烦。他事先得到充分的信息,才能增加安全感,对未来预做准备。

4. 要结束一件事情前,提早告知,让他们有时间准备,而不是突然改变,让孩子措手不及。例如,孩子玩得正高兴时,不要突然说:"回家了,就是现在。"最好能提早10分钟告诉孩子:"再过10分钟就要走了,开始准备收拾了。"试想,当你正在看一部喜欢的电视剧时,有个人走过来,突然把电视关掉,跟你说"去吃饭"或是"去睡觉",那种滋味一定很难让人接受。孩子们正在做的事,也许在你看来没什么大不了,可是对孩子来说,这也许就是最重要的事。他们也需要时间,慢慢结束正在做的事情,转变心情,才能顺利进入下一个活动。

5. 帮助他们克服失望的情绪。孩子不喜欢意外状况,当事情不如预期时,他们的失落感比一般人更强烈。本来说好要去公园,突然下雨不能去;本来说好要去看电影,到了电影院才发现票卖完了,这些情况都会让孩子抓狂。所以先预设可能发生的情况,想出可能的解决方法,可以帮助他们克服失望的情绪。

6. 平常可以经常和孩子玩"假如发生……事,你该怎么办"的扮演游戏。模拟生活中可能出现的变动,让孩子演出当事情发生时的感觉和想法,并且想出解决问题的方法。例如睡醒时，没有看到爸妈要怎么办？和爸妈出门，走丢了怎么办？不小心被困在电梯里怎么办？等等，帮助孩子学会临机应变。当事情真正发生时，孩子已经有了心理准备，就会知道自己该怎么面对。孩子逐渐学会了变通，解决问题的能力得到提高，面对突发状况就不至于完全措手不及。

孩子篇

	从不如此	偶尔如此	经常如此	总是如此
1. 开心的时候，笑得很大声；生气、伤心的时候，也会大吼大叫，或是哭得很大声。	1	2	3	4
2. 谈到令他兴奋的事情会忍不住大声说话，反应强烈，让人很容易注意到他。	1	2	3	4
3. 需要未被满足，或是身体不舒服时，会吵得大家都知道。	1	2	3	4
4. 喜怒哀乐都表达得明显且清楚。	1	2	3	4

总分 10～12 分：反应强度偏强
总分 13～16 分：反应强度相当强

总分

反应强度弱

	从不如此	偶尔如此	经常如此	总是如此

1. 心情不好或遇到困难时，只会轻声抱怨。　　1　2　3　4

2. 情绪反应通常很温和，不会有明显的喜怒哀乐。　　1　2　3　4

3. 别的小朋友抢走他的玩具时，他虽然不高兴，但也没有什么反应。　　1　2　3　4

4. 说话声音小且轻柔，不习惯大声说话。　　1　2　3　4

总分 10 ~ 12 分：反应强度偏弱
总分 13 ~ 16 分：反应强度相当弱

总分 ▢

父母篇

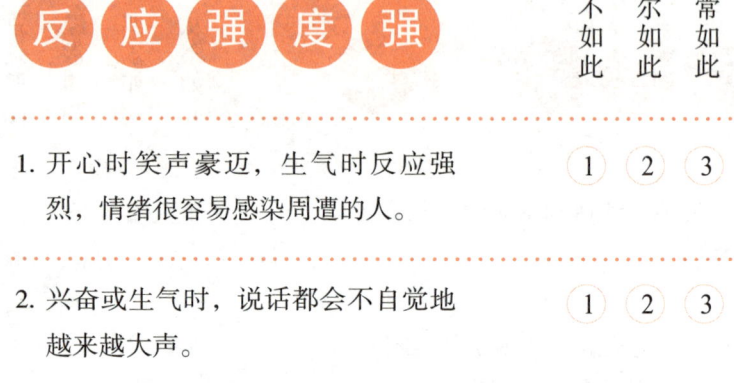

	从不如此	偶尔如此	经常如此	总是如此

1. 开心时笑声豪迈，生气时反应强烈，情绪很容易感染周遭的人。　　① ② ③ ④

2. 兴奋或生气时，说话都会不自觉地越来越大声。　　① ② ③ ④

3. 遇到不公平或不能接受的事情时，会有明显的情绪反应。　　① ② ③ ④

4. 心里的感觉藏不住，很容易就会让身边的人知道。　　① ② ③ ④

总分 10～12 分：反应强度偏强
总分 13～16 分：反应强度相当强

总分

反 应 强 度 弱

	从不如此	偶尔如此	经常如此	总是如此
1. 高兴时只会微笑，生气难过时也容易闷在心里，不太会表达出来。	1	2	3	4
2. 说话声音小，表达方式温和。	1	2	3	4
3. 遇到挫折或不如意时，通常不太会表现出来。	1	2	3	4
4. 别人不太容易从外表看出你内心的喜怒哀乐。	1	2	3	4

总分 10 ~ 12 分：反应强度偏弱
总分 13 ~ 16 分：反应强度相当弱

总分

> 说话总是很大声，开心时总是笑到在地上打滚，生气时则有如火山爆发一样，一发不可收拾，这就是反应强度强的孩子；反之，反应强度弱的孩子，不太容易发现他的喜怒哀乐，因为他的表情都是淡淡的。

第 2 章　九大气质向度

5 反应强度：淡定哥还是失控妹

反应强度强的孩子说话大声，开心的时候会笑到在地上打滚，生气的时候像火山爆发，他哭起来的声音简直可以说是震耳欲聋。走在路上摔了一跤，哭声大到让你误以为他骨折了；感冒生病时，他也会哇哇大叫，吵得全家人都知道他不舒服。他的喜怒哀乐让你不得不注意到他。反应强度弱的孩子正好相反，外人很难察觉他的心情，因为不论高兴或是难过，他的反应都是淡淡的，不那么强烈。即使生病也只是自己默默承受，常常会被父母忽略。

孩子的哭闹常常让父母不知道该如何反应。首先，父母要先分辨哭闹是真的不舒服还是操控性的情绪。对婴儿而言，哭泣是日常生活的一部分。哭泣甚至是一种全身运动，有时候精力旺盛的大哭是健康和强壮的表征。会哭闹的婴儿是健康的，每个婴儿每天都需要一定的哭泣来锻炼自己的心肺功能，使自己的身体得到满足。幼儿阶段，语言能力尚未发展成熟，他们还无法精确表达肚子饿了、尿布湿了、疲倦、害怕等等生理及心理的不舒服，因此就用哭闹的方式来吸引大人的注意。所以，面对孩子的哭闹要先判断原因，帮助孩子解决问题。如果孩子只是宣泄情绪，就让他哭个够，不要阻止他。

有些情况下，孩子哭闹不只是代表他有生理或心理的需求，还带有操控别人的目的。他会企图藉由哭闹的方式来胁迫大人妥协，这时候就是操控性的情绪。当孩子用哭闹的方式得到任何形式的奖赏时，就会形成一种固定的模式。

别让孩子成为情绪哑巴

面对孩子的情绪反应，要应用同理心做出应对，也就是将孩子真正的情绪感受，用适当的语言表达出来。这样，一方面可以让孩子学会用正确的情绪语汇来表达自己的感受；另一方面，也可以让他们感受到被接纳和了解。因为情绪得到宣泄，身体也会自然得到放松。例如，孩子换牙齿，不敢讲话，怕别人会笑；或晚上怕黑，不敢起来上厕所。在这些情况下，家长可以抱抱孩子，对他说："我知道你担心被同学笑，因为牙齿掉了，如果是我，我也会。"孩子安心之后，就愿意和父母一起讨论解决方法。如果家长一开始先否定孩子的感受，"别人笑又不会怎样，有什么好怕的"，孩子的情绪得不到支持和缓解，就不愿意学习解决问题的方法了。

你也可以从气质的角度思考孩子情绪背后的原因，可能是活力充沛的孩子被限制太久了；规律性高的孩子无法适应变动太大的生活；退缩害羞的孩子被吓到了；敏感度高的孩子接受的刺激过多，或坚持度高的孩子一直没办法达到目的。找出情绪背后的原因，就可以帮助孩子调整环境，避免出现过多的负面情绪。同时也要帮助孩子了解自己，辨别自己的需要，设计出适合自己的处理情绪和解决问题的方法。

谈论情绪感受是了解及控制情绪最直接的方法。三岁到九岁这个阶段，正是孩子学习认识情绪的关键时期。当孩子生气或难过时，父母不能转头不管，也不要惩罚孩子；相反，要告诉孩子感觉并不可怕，任何感觉都是自然的，也都是可以处理的。可以利用回家路上、洗澡或睡前，与孩子一起聊聊当天的心情和情绪感受。父母也可以真诚分享自己的感受，教孩子学会聆听别人的情绪。孩子如果在一个能够公开表达情感、讨论感受的家庭中长大，就会潜移默化培养出与他人沟通的能力；孩子如果在一个情感压抑、欠缺沟通的家庭长大，就可能成为"情绪上的哑巴"。一个可以清楚表达情绪的人，多半都是从幼儿时期就开始学习情绪语言的。

温和而坚定的态度

面对孩子操控性的情绪时，家长要学习不为所动，坚持原则，以免受制于孩子的情绪，被牵着鼻子走。糟糕的情形是，孩子用情绪操控别人的行为不断取得成功，这种操控就会变成一种习惯性的伎俩。

当孩子试图要用情绪操控别人时，父母最好的态度是"温和而坚定"，不用生气，也不必大吼大叫，态度温和，表情坚定。保持心平气和，说话愈小声愈好，只要重复原则即可。例如，"哭也没有用，不可以就是不可以。"当孩子看到父母不为所动的态度，就知道踢到铁板上了，再哭再闹也没有用。

有时候，父母会被孩子的哭闹激怒，企图用大声吼叫的方式进行压制。虽然有时看似有效，但孩子还是会觉得自己成功了，因为父母的情绪已经受到了影响，这样还是会起到强化孩子哭闹行为的效果。

有些学龄前的孩子在早上和妈妈分开时，会用哭泣的方式试图挽留妈妈。如果妈妈因此而不忍心，留下来安抚他，或是露出犹豫不决的表情，都会增强孩子用哭闹来操控父母的行为。在这种情况下，妈妈要坚定自己的原则，让孩子清楚知道没有商量的余地。几次哭闹之后，他自然就会知道哭闹是白费力气。带孩子去商场超市时，也会遇到相同的问题。孩子会用哭闹的方式企图左右父母的决定，吵着买他想要的玩具。父母常常因为怕在公共场所丢脸，就顺应了孩子的要求，这么做其实是增强了孩子使用这个策略的想法。

当孩子在公共场合大哭大闹时，首先要排除是不是因为他太累了，或是环境的刺激太强，超出了他的情绪负荷。此时，最好的方法是将孩子带到比较安静、人较少、不会被别人注意的地方，让孩子的情绪先安定下来，考虑孩子是不是有生理的需求，例如想睡觉、肚子饿、想上厕所、口渴、太热或太冷……孩子在身体不舒服时，不见得都能够清楚地表达他的需要，因而常常会用闹脾气的方式发泄情绪。明智的家长不会在这个时候打骂孩子，而是找出真正的原因，并协助孩子解决生理上的需求，如是，则孩子的情绪会很快平静下来。排除这些因素之后，父母就要坚持立场，重述原则，告诉孩子大哭大闹是没有用的。

面对操控性情绪的处理方法

1.不要屈服(或鼓励)这种行为，不要让屈服合理化。

2.重新引导孩子采取正确的行为。"我不会听你的哭闹，你要有礼貌地说，我才听。""你这样问很有礼貌，我喜欢你这样。"

3.鼓励孩子用言语表达，可以告诉孩子"深呼吸"、"平静下来"、"慢慢说"。

4.前后一致，切忌采用不同的标准。"我知道你现在很不高兴，但你还是得吃饭。"

5.别给孩子贴标签。"你老是这样哭哭啼啼的"、"你很啰唆"，大人这样说，孩子就会相信自己是这个样子，从而表现得更彻底。

如何面对强烈的情绪反应

孩子强烈的情绪反应常令父母生气，难以忍受，但这种情绪也代表着孩子对父母的信任，他希望父母能因为他的愤怒或哭泣而改变。一个不信任父母的孩子是不会生气的，他只会停止向往，或是用悲惨幻灭的方式哭泣，或开始用头撞枕头，撞墙壁或地板，用各种方式伤害自己。

孩子大哭大闹时，父母仍能维持心平气和，这需要功夫修炼。父母平静的情绪，有助于孩子稳定自己。孩子在情绪中往往丧失自我控制能力，这时，外在的力量就显得很重要。如果父母被孩子强烈的情绪和哭闹的噪音激怒，也出现情绪反应，和孩子之间会彼此影响，让情绪一直升温，到最后以严厉惩罚孩子作为结束，这并不是一个好的处理方式。

大人平常可以引导孩子学习用正常的语言表达想法和感受，引导他降低音量，不需要哭泣，用语言表达代替哭闹。当孩子做到时，家长要立即给予回应，以加强孩子的正面反应方式。孩子不可能一下子就学会成熟的情绪反应方式，但随着一次又一次的提醒和练习，孩子自然会形成情绪反应的正向回路，从一个小野人，变成一个小绅士、小淑女。

情绪反应强的孩子，经常会在傍晚出现情绪失控的情形。孩子在学校里，已经为了配合外在的要求和作息，用尽了所有的适应能量。看到父母之后，自然有许多情绪想要宣泄。这时，妈妈说 A，他偏要 B，妈妈说 B，他偏要 A。说穿了，孩子只是故意找机会发脾气。这时候，父母就不要再和孩子争论或讲道理，也不要再安排耗费精力的活动，因为孩子已经累了，而且情绪已经泛滥，他甚至不知道自己在闹什么。晚上的时光，最好能有规律地轻松度过。

反应强度强而且坚持度高的孩子，会需要很长时间的情绪宣泄，他们也常常无法快速转移情绪。因此，可以给他提供一个空间，让他好好哭个够，这也是一种接纳孩子情绪的方式。告诉孩子："妈妈知道你很伤心，我就在你旁边，等你哭完了，随时可以来找我。如果你需要抱抱，可以随时告诉我。"如果孩子已经明显失去控制，请不要放任他自己收拾情绪，而是要帮助他整理内在状态，提供结构化的外在情境安抚情绪，如对他说，"来，你已经哭了很久，去喝杯水，我们一起出去走走"。这样可以转换情绪，同时也帮助孩子重新找回控制感。

Q：我女儿很聪明，但非常爱哭。不管什么情况，都喜欢用哭来解决。我试了很多方法都没办法改掉她这个习惯，请问我该怎么办？

A：幼儿在三岁前因为语言发展尚不成熟，所以会用哭的方式表达自己的情绪和需求，等待周围的成人协助他解决问题。随着语言发展渐趋成熟，我们就要帮助孩子改用说的方式。

当孩子哭闹时，可以说，"深呼吸，说给妈妈听，我相信你做得到"。或是教他说："你可以说：'妈妈，请你帮我。'妈妈就会帮助你。"在孩子试着用语言表达时，立即给予肯定和响应。

有些孩子因为天生坚持度高、情绪反应度强，或者是发现用哭可以操控父母以得到注意力，就会习惯用哭来解决问题。这时父母要用温和而坚定的语气告诉孩子："哭没有用，说给妈妈听，妈妈就会帮你。"如果孩子继续哭泣，就任由他哭。父母的反应要坚定而明确，让孩子清楚感觉到，自己选择用言语表达或是用哭来表达，会得到完全不同的后果。父母的犹豫同情或是烦躁生气都会加强孩子哭闹的行为。

有些孩子会用长时间的哭声折磨父母，迫使父母投降。如果孩子出现这种倾向，就要在他企图操控你时，用立即打断来处理，以免养成习惯。父母可以问孩子："从一分到十分，你现在生气（难过）是几分？"这样问让孩子从情绪中跳脱出来，评估自己的情绪，学会自我监控。父母也可以尝试转移孩子的注意力，教他深呼吸或喝杯水，必要时用暂时停止法制止这个行为。

如果试过上述方式都无效，可以用"扮演游戏"来示范、练习适当的行为反应，然后用代币制度给予适当的行为奖励，或给哭闹行为扣点分。

教孩子情绪不失控

情绪爆发有一个过程,大部分人都不会突然之间就暴怒起来。如果孩子经常大发脾气,父母就要学会发现孩子暴怒前的征兆。通常一开始,孩子只是小小的不愉快,但带着这个不愉快,面对接下来的事情,就容易感到挫折。如果不好的情绪一直没有被注意或处理,不断累积之后,最后总是会到达情绪负荷的临界点,孩子的情绪就要爆炸了。

1. 避免出现情绪失控的情形。当孩子开始出现情绪失控的征兆时,要及早介入处理,协助转换情绪。就像闻到一点烟味就要警觉行动,不能等到火起来了才灭火,那就太晚了。孩子失控的一些常见的征兆,如玩疯了、音量变大、变得很烦躁、霸道等都是提醒父母介入的时机。此时,家长的介入方式如果是指责和生气,那就像是火上浇油,往往会让孩子的情绪更糟,更容易进入失控的状态。如果孩子每次参加聚会,最后都是以大哭大闹收场,大人就要考虑是不是孩子所承受的刺激超出了他能负荷的范围。下次,最好能提早离开,不要让孩子的情绪到达临界点,失控之后才离开。

2. 如果孩子的情绪已经失控,无理取闹,从不同的方面来激怒你,父母这时必须保持情绪的稳定。最忌讳出现骂孩子、争辩自己是对的、说教、取笑孩子、模仿孩子的模样、翻旧账等情形，做这些事只会激化孩子的怒气；相反，你可以告诉孩子："妈妈知道你现在很生气，你可以生气，但是不能伤害别人或东西。你要妈妈陪你，还是你自己慢慢恢复平静？"有些孩子在气头上不喜欢别人靠近他。如果孩子同意，你可以拥抱、安抚他，给孩子一段时间，让他平复情绪。

3. 如果孩子经过10到15分钟都没有恢复平静，父母可以温和而坚定地告诉他："停止，你已经失去控制了，现在该停了。"带着他深呼吸、喝点水，给他一个台阶下。等平静之后，可以吃点东西，鼓励他更好地让自己平静下来。

4. 在孩子平静下来可以思考时，和他讨论生气的原因，还有以后面对同样问题时的处理方法。

5. 平日，可以和孩子定下发脾气的规定。让孩子知道每个人都会生气，生气是可以被接受的情绪，但是生气的人不可以为所欲为：不可以打人、踢人或是吐口水、摔东西，不可以伤害别人或是自己。亲子一起讨论可以被接受的发泄方式，例如打枕头或是撕纸等。如果违反规定，要接受约定好的处罚；如果孩子在生气时行为失控，家长用口头制止无效时，可以用力抱住他，直到他平静下来才松手。

指导孩子用语言的方式来表达自己的情绪和怒气，而不是用哭闹或是肢体动作来表达。你可以告诉孩子他心情不好时，可以用这些话来表达："我心情很不好"，"我很生气"，"我快要爆炸了，不要靠近我"，"我好烦，我要离开一下"。

6招让孩子当自己的防爆小组

可以和孩子讨论在快要生气时，用一些有效的方法使自己平静下来。

1.学会觉察自己的情绪状况。快要暴怒之前，身体会发出一些信息，告诉自己火药快要点燃了。你可以问孩子，生气时会有哪些感觉。孩子会告诉你"肚子热热的"、"喉咙干干的"、"手一直想握拳头"、"呼吸变快了"、"头脑胀胀的"……不管孩子说什么，都是对的，这代表他已经觉察到自己生气时的信号了。如果孩子告诉你"不知道"，也可以引导他思考和感觉。

2.告诉孩子，发现这个信号时，他必须在这个重要的时刻有所行动。因为他现在有一个非常重要的任务，必须做出一些"正确的动作"，就像防爆小组，解除这颗即将爆炸的炸弹。

3.亲子讨论什么是"正确的动作"。如立刻离开现场,到旁边去走一走;去喝一杯水;在心里从1数到20,想象自己在吹气球,吹20下,把气球吹大;或是找一张纸把自己心里的话写下来或画下来,再把它撕掉。父母可以发挥创意和孩子一起进行头脑风暴,找出最喜欢的方法。

4. 当孩子的身体慢慢放松、情绪恢复平静时,就表示这一次的任务完成了。

5. 要成为拆解炸弹的防爆专家,可不是一件容易的事情,需要一次又一次的练习。一开始可能不容易做到,一不小心,炸弹就爆炸了。随着不断练习,成功的概率就会愈来愈高。最后,他一定能成为一位最厉害的防爆专家。

6. 在孩子每一次成功控制即将爆发的愤怒之后,都要表达赞许,可以说父母很佩服他,以他为荣,并且要好好采访这位防爆专家,如何完成了这项艰巨的任务。孩子在重述的过程中,有助于加深印象,下一次可以做得更好。

8招成为自己的情绪管理员

父母也是人,每天要面对的问题和压力也相当多,生气是很自然、符合人性的反应。在和孩子相处的过程中，要时时维持良好的情绪状态是不可能的事情。不过生气并不是一个健康的反应，不只会影响亲子关系，对于问题的解决也没有帮助。以下的8招可以让父母成为自己的情绪管理员。

1. **觉察自己的情绪状态**。我们一定要先知道自己的情绪快要失控了，才有机会可以控制情绪。想想看，每天最容易对孩子生气的时段是什么时候。父母一定要找出属于自己的关键时刻，才能适时提醒自己。

2. **告诉孩子自己的情绪状况，让孩子有心理准备**。你可以直接告诉孩子，"妈妈今天压力很大，身体不舒服，心情很不好"。体贴的孩子会变得特别懂事，表现得特别乖巧听话，他会反过来照顾妈妈，也给妈妈一些休息的空间。

3. **警告孩子**。不体贴的孩子则只好用警告。可以对他说："妈妈今天心情不好，如果惹我生气，我很可能对你发脾气。"或是"已经10点了，妈妈已经累得不行了"。精明的孩子听懂了这个警告，就会尽量不再惹麻烦。

4. **发怒时不要处罚孩子**。生气时肾上腺素分泌增加，会让人失去理智且力量增强。这种情况下很容易出手太重，造成孩子严重的伤害。因此，一定要在冷静的情况下管教孩子。

5. **生气时，不要说太多话**。尖酸刻薄的责备对孩子造成的伤害不比体罚来得轻。比较敏感的孩子，可能会因父母的一句气话而耿耿于怀，对亲子关系造成长久伤害。

6. **暂时离开，让自己的情绪缓和后再处理孩子的问题**。最好能暂时离开现场，不要再和孩子较劲。去喝杯水或是散散步，等平静了再回来处理问题。但是离开时，要告诉孩子，自己只是离开一下平静情绪，等一下就会回来，以免孩子觉得自己被遗弃了。

7. **忽略孩子的言行，注意到他内在的需要**。当孩子顶嘴、摆臭脸，做出一些行为来激怒父母时，父母的心理开始出现一些反应。但是，当我们学会去"听见"孩子内在的需要，而不只是注意到表面的攻击行为时，才能够将能量用在寻找正向的解决方法，而不是用在生气或防卫的反应上。孩子真正的需要可能只是累了或饿了，或是想要得到你的注意和安慰。孩子真正攻击的对象，其实不是父母，只是因为自己内心不平衡。

8. **降低你的生活压力**。当你觉得生活压力太大时，要立刻照顾自己的需要，用减少工作量、安排休假、练习放松或是听音乐、运动来减轻压力。或者可以将孩子暂时托人照顾，让自己有一个喘息的机会。

Q：三岁的幼儿很喜欢打人，该如何教导他？

A：三岁的幼儿还无法运用语言来表达感受或是需求，所以在天生气质上反应强度强、较急躁冲动的孩子，会用打人的行为来替代。幼儿打人并非故意攻击或是喜欢暴力，只是反映出他没办法用言语来表达情绪或解决问题。父母只要心平气和地引导，孩子就会逐渐以较成熟的情绪行为模式来取代打人的行为。情绪教育的核心概念是"情绪感受没有对错，所有的情绪都可以被接纳。但表达情绪的方式有的恰当，有的不恰当"。

我们要教孩子学会分辨感觉与行为是不同的。让孩子知道每个人都会有生气、害怕、难过、高兴、嫉妒或失望等各种感觉。感觉属于我们的一部分，是自然产生的，并没有对错，但是，有些行为是不对的。

1. 当孩子出现打人、咬人、踢东西或是丢东西等行为时，必须立即介入制止，不能袖手旁观或是忽略不见，否则孩子会以为你默许他，并且接受了他的行为，而继续使用这种行为来达到目的。

2. 不用气急败坏地处罚他，尤其要避免用打人的方式来处罚打人的行为。身教重于言教，孩子会学习模仿你的行为，而不是你说话的内容。

3. 心平气和地告诉孩子："你可以生气，但是不可以打人。"让孩子学会"情绪没有对错，但表达的方式有恰当和不恰当"的观念。温和而坚定地握住孩子的手，制止打人的行为。稍微把孩子带开打人的情境，帮助他把情绪说出来，如"你好生气！你气炸了"。

4. 教孩子学习用语言表达感受和需求。如，"你可以说：'我好生气！'"，"你可以说：'我也想要玩这个，我们可以轮流玩吗？'"

5. 孩子出现打人行为时，表示孩子当下一定有悬而未决的问题。教孩子遇到冲突时，可以想办法解决问题，建立正向的行为习惯，取代打人的行为。

我很安静，请用力听我说

反应强度弱的孩子很少会主动表达自己的需要，即使是表达了，也会因为声音小且微弱容易被人忽略。所以，家长要提醒自己，要认真看待孩子的表达和抱怨。有些孩子表面上看起来很平静，其实只是习惯于将情绪压抑在心里。久而久之，情绪的问题还是会用不同的方式爆发出来。所以，大人平时就要教会孩子表达自己的想法和感觉，学习自我肯定。

父母要先示范，可以谈谈自己在生活中遇到、听到的故事和自己的感想，鼓励孩子也说说他生活中快乐和不快乐的事情。父母可以和孩子轮流讲一件快乐的事，再讲一件不快乐的事，这样做，孩子比较不会有戒心。父母也可以在孩子分享经验时，谈谈自己小时候遇到问题时的经历。大部分孩子都很喜欢听父母谈小时候的事情，因为他们很难想象，原来父母也有小时候。孩子的表达能力常常是在和父母谈心的过程中培养出来的。父母也可以借着这样的过程进行生活中的机会教育，用轻松愉快的方式和孩子讨论正确的价值观，以及做人处事的原则和问题解决的策略。

如果孩子不喜欢说话，只是用点头、摇头或是手势来传达信息，这时父母不要顺着他的意思猜测，可以跟他说："我不懂你的意思，你说给我听。"如果孩子不善于表达，说不清楚，家长就要示范精简正确的句子，让孩子模仿练习。久而久之，孩子练习多了，表达能力就会进步。

有些孩子表达少的原因是心理抗拒，因为每次说出来都不会得到大人很好的回应。这种情况下，父母就要反省，每次孩子向你表达时，你都是如何反应的？是不是立刻否定他的想法，给他打击，或是习惯说教。听久了，孩子就会发现，什么事都不告诉爸妈才是最好的策略。

有些孩子是因为不知道要说些什么。如果是这样的话，父母就要常常跟他讲故事或是聊天，特别是增加表达情绪或想法的词汇，告诉他什么感觉可以怎么说出来，孩子如果说出了什么，就要指出来给予称赞。很多孩子5岁之前有口吃或口齿不清的问题，大部分情况都不用刻意去纠正，也不要嘲笑他，这些问题随着孩子长大自然就会消失。如果情况严重，影响到他的学习、沟通、人际关系，就要尽早到有关机构评估孩子语言的发展，进行语言治疗。

反应强度弱的孩子，需要多一些自我肯定的表达训练。许多表达要通过示范和练习才能学会，光说不练解决不了问题。家长可以把经常会遇到的情境扮演出来，并且示范自我肯定的表达方式，让孩子模仿学习，在多次练习之后，孩子下次遇到类似的情境就可以自由表达出来。

情境一：当别人拿走你的玩具时，你要走过去对他说："对不起，这个玩具是我的（我先拿到的），请你还给我。"

情境二：当别人对待你的方式让你不舒服时，你要说："我不喜欢你这样对待我，我很不舒服。"

自我肯定的基本理念是，不但要尊重别人，也要尊重自己。当自己的权益受损或被别人欺负时，要能够保护自己，将自己的感觉和想法表达出来让别人知道，也为自己争取权益。这样做不但不会破坏你的人际关系，反而能让别人清楚你的状况，更容易与你相处。

对于不习惯自我肯定的人来说，要他为了自己的权益表达是相当困难的。所以，家长要指导孩子说话的内容，练习语气和表情，温和而坚定但不带有攻击性是很重要的原则。孩子需要重复练习好几次，才能把这种行为变成自己的习惯反应。

给孩子充足的《心理营养》
让孩子的生命尽情绽放!

扫码免费听,20分钟获得该书精华内容。

如何和孩子玩"扮演游戏"

大部分的孩子从 3 岁开始就会迷上"扮演游戏"。通过扮演游戏可以体验无限的可能性,模仿大人的世界,演练社会情境中的互动行为,将想象的世界带入现实,满足了孩子内心想要成为有力量角色的需求。因此,扮演游戏对幼儿的语言、认知、情绪、社会性及想象力的发展都有很大的帮助。3 到 6 岁是幼儿迷上扮演游戏的高峰期,小学之后,孩子就不再那么热衷了。

家里如果只有一个小孩,爸爸妈妈常常会被迫加入扮演游戏,而且同样的剧目常常会一再重复,直到孩子满足为止。

父母要认真看待孩子的扮演游戏,不要嘲笑他。对孩子而言,在扮演游戏中就像在真实世界一样,孩子会全心全意投入在那个半真半假的世界里,并不只是在模仿和假装而已。

和孩子一起玩扮演游戏的方式有两种。第一种是以孩子为中心,让孩子自编自导自演,父母只要扮演配角和观察者。你可以问孩子:"我要演什么?"孩子自然会替你安排

角色;再问他:"然后呢?怎么演?"依照孩子的指示去扮演就可以了,不论是剧情或是台词完全依照孩子的安排来扮演。以这种方式玩扮演游戏可以了解孩子的内心世界和生活经验。因为孩子演的都是他的亲身经历、想象世界,或是他关心和担心的事。例如,让孩子演老师,父母演小朋友,孩子就会指导你,把自己在幼儿园上课的情形演出来,重现孩子的生活境况。孩子通常会喜欢扮演心目中的权威角色,像老师、父母、医生、警察或超人等等。当家长陪伴孩子游戏,传达出无条件的包容、接纳和了解的态度时,孩子就能自在、毫不设防地投射出他的经验、期待和想象。

　　第二种方式是利用扮演游戏训练孩子的人际技巧。如果孩子不善于表达自己,家长可以常常和他玩扮演游戏,通过情境的扮演和示范来练习适切的表达方式。若孩子在幼儿园里常和别人争吵,或是被欺负时不会保护自己,父母可以模拟冲突的情境,示范适切的解决方式,再请孩子用扮演的方式练习。

孩子篇

	从不如此	偶尔如此	经常如此	总是如此
1. 日常生活中开心的时候比郁闷的时候多。	1	2	3	4
2. 很喜欢笑。	1	2	3	4
3. 很容易发现生活中有趣的事情。	1	2	3	4
4. 每天回家会和父母分享有趣好玩的事情。	1	2	3	4

总分 10～12 分：情绪本质偏正向
总分 13～16 分：情绪本质相当正向

总分

情绪本质负向

	从不如此	偶尔如此	经常如此	总是如此
1. 大部分时间看起来好像闷闷不乐。	1	2	3	4
2. 表情比较严肃，不太喜欢笑。	1	2	3	4
3. 很容易看到生活中比较负面的部分。	1	2	3	4
4. 喜欢对事情提出批评和不同的看法，对事情的态度比较严苛。	1	2	3	4

总分 10 ~ 12 分：情绪本质偏负向
总分 13 ~ 16 分：情绪本质相当负向

总分

父母篇

情绪本质正向

	从不如此	偶尔如此	经常如此	总是如此
1. 日常生活中开心的时候比较多。	1	2	3	4
2. 容易从正向、乐观的角度看事情。	1	2	3	4
3. 不管是面对陌生人或是熟人,都习惯笑脸迎人,对人表示友善。	1	2	3	4
4. 很容易从日常生活的小事情中发现乐趣。	1	2	3	4

总分 10～12 分:情绪本质偏正向
总分 13～16 分:情绪本质相当正向

总分

情绪本质负向

	从不如此	偶尔如此	经常如此	总是如此
1. 用比较严肃的态度看待人生。	1	2	3	4
2. 平常比较不喜欢嘻嘻哈哈。	1	2	3	4
3. 喜欢对事情做评论,能够看到别人所看不到的问题。	1	2	3	4
4. 表情通常很严肃,很少有笑容。	1	2	3	4

总分 10 ~ 12 分:情绪本质偏负向
总分 13 ~ 16 分:情绪本质相当负向

总分 _____

> 孩子在一天中总是笑容满面、快乐愉悦,天生一张笑脸?还是满心忧愁,闷闷不乐,经常一副严肃的表情呢?前者属于情绪本质正向的孩子,后者则属于情绪本质负向的孩子。

6 情绪本质：开心果还是板脸族

情绪本质指的是孩子在一天之中表现出快乐、友善或愉悦的时间比较多，还是表现出不快乐、不友善或不愉悦的时间比较多。

有些孩子见人就笑，表现得很开心，遇到什么事都觉得很好玩，这样的孩子通常较有人缘。但并非每个孩子都会天生一张笑脸。有些孩子个性比较严肃，属于深思熟虑型，经常摆出一副严肃的表情，或是因为容易紧张，很难放松，难见笑容。其实表情严肃的人，心里不见得不开心，他们只是没有表现出来。他们内心也会渴望和别人接近，只是他们不知道自己平常板着脸，很容易拒人于千里之外。

我不爱笑，但我很客观

你可以送给孩子一个造型可爱的镜子，和他一起玩表情游戏。先教他对比笑与不笑时，哪一个表情比较可爱。然后再用角色扮演的方式,和孩子练习经常保持友善的笑容。

孩子渐渐长大后,可开始教他一般的社会礼节。例如,别人送给他礼物时,即使不喜欢也不可在脸上流露出来,要笑着和对方说"谢谢"。不管礼物的内容是什么,都要感谢对方的心意。

带着孩子学习感恩,每天睡前和孩子一起分享今天想要感谢的人,先由爸爸或妈妈示范,说说今天一整天受到哪些人的帮助和友善的对待,想要感谢哪些人,再换孩子说。每天细数自己的幸福,可增加正向的情绪。

情绪本质负向的孩子是个天生的分析家与评论家,他总是可以看到别人没有看到的问题,发现事情还不够完美的部分。长大之后,他可能是杰出的社会改革者、政治评论家、鉴赏家,有着比别人更锐利的眼光。

星星的孩子，认识亚斯伯格症

现在患亚斯伯格症的孩子有愈来愈多的趋势。他们是一群特质鲜明的孩子，强项和弱点表现得非常极端。亚斯伯格症的孩子通常具有以下几个特征：

1. 非常诚实。他们会将心里的感觉直接说出来，不太会考虑别人的感受。对真理追根究底，只有合理的事才能说服他。

2. 非常一板一眼，就事论事，从语言的表面意思去理解语意，不了解双关语或是言外之意，经常用认真的态度对待别人随意说的话。

3. 思考方式具有逻辑性，喜爱建构有系统的知识，对有兴趣的事会全心全意投入，完全忽略其他的事。很容易成为某个领域的达人，头脑就像一本专科全书。

4. 想法比较僵化固执，不容易变通。喜欢可以预期和掌控的感觉，不喜欢意外。喜欢规律的生活，不喜欢改变。

5. 对别人的非语言行为理解力较差，不太能解读别人的情绪反应；但又容易过度吸收别人的情绪，让自己变得很混乱。不会处理自己的情绪，不会表达，不懂得调节情绪，情绪来了就突然爆发。

6. 谈论自己有兴趣的主题时，滔滔不绝，很难被人打断，不在意别人想不想听。有些孩子说话的腔调特殊，不像本地人。

7. 知觉外在世界时，见树不见林，会注意到别人不注意的细节，但却会忽略整体的画面，和一般人的焦点不同。所以这些孩子在幼儿园的毕业照里，常是唯一没有看镜头的那个人。他们的想法非黑即白，有完美主义倾向。

8. 有些孩子的感官非常敏锐，容易被惊吓；有些孩子的手脚则比较笨拙。

其实，他们的本质非常纯真，对人生常有独到的见解。就像来自未来世界的孩子，过度理想主义，因此在这个还不够完美的世界里，经常感觉格格不入，也会觉得这个世界很混乱，很难应付，因此直接用自己的生命冲撞世界。坚持自己的原则，来对抗不真实和不合理的现象，即使要付出很大的代价也在所不惜。很多孩子具有卓越的聪明才智，也有很强的超感官能力，能洞察帮助他的人是不是真心的。

这些孩子需要真正能够理解他们的人，真诚了解并接纳、欣赏他们本来的样子，并协助他们运用优势能力，学习建构欠缺的能力，以适应这个世界。同时帮助他们认识自己的独特性，接纳自己的与众不同，并找到存在的价值。这背后需要很强大的信念及正向的力量。

先来个小测验

孩子篇

坚 持 度 高

	从不如此	偶尔如此	经常如此	总是如此
1. 当事情不如己意时，会坚持自己的意见，和父母讨价还价，企图说服父母。	1	2	3	4
2. 在练习一种乐器或运动时，能够锲而不舍重复练习。	1	2	3	4
3. 遇到困难和挑战时，经常表现得斗志十足，很想克服困难。	1	2	3	4
4. 在拼拼图、做模型、画图时，即使要花很长的时间，也会坚持要完成才肯休息。	1	2	3	4

总分 10~12 分：坚持度偏高
总分 13~16 分：坚持度相当高

总分 _____

坚持度低

	从不如此	偶尔如此	经常如此	总是如此

1. 在遇到挫折时，常常觉得困难，很容易就放弃。　　1　2　3　4

2. 很容易妥协，不太会坚持自己的想法和意见。　　1　2　3　4

3. 不喜欢从事那些需要苦练或是太费心思的活动。　　1　2　3　4

4. 缺乏耐心，遇到困难时，很容易就转移到别的比较容易的活动上。　　1　2　3　4

总分 10 ~ 12 分：坚持度偏低
总分 13 ~ 16 分：坚持度相当低

总分 ⬜

父母篇

坚持度高

	从不如此	偶尔如此	经常如此	总是如此

1. 在工作、生活中，遇到困难会设法解决，不会轻易放弃。　　1　2　3　4

2. 一旦打定主意要做什么事，不太容易受身边其他人闲言碎语的影响。　　1　2　3　4

3. 从小到大，如果要学一样东西，一定会不断练习，直到学会为止。　　1　2　3　4

4. 意志力很坚定，不轻易动摇，除非他人有充分的理由。　　1　2　3　4

总分 10 ~ 12 分：坚持度偏高
总分 13 ~ 16 分：坚持度相当高

总分 _____

坚 持 度 低

	从不如此	偶尔如此	经常如此	总是如此
1. 做事情一向虎头蛇尾，常常做一半就放弃了。	1	2	3	4
2. 不喜欢挑战，通常会选择比较轻松、容易的事情来做。	1	2	3	4
3. 如果一样东西要练习很久才能学会，通常会缺乏耐心，没办法持续。	1	2	3	4
4. 不太会坚持己见，很容易就被别人说服。	1	2	3	4

总分 10 ~ 12 分：坚持度偏低
总分 13 ~ 16 分：坚持度相当低

总分

> 遇到摆在眼前的困难，孩子总是能排除万难、不轻言放弃吗？就算父母不赞同他做的某些决定，孩子也会想："我再坚持久一点，爸妈就会答应我了。"这就是属于坚持度高的孩子；反之则为坚持度低的孩子。

7 坚持度：坚持到底还是墙头小草

坚持度是指孩子从事一项活动时，不会因为遇到阻碍或困难就轻易放弃的程度。这项活动可能是做功课、学习新的运动技能、参与考验智力的游戏、练习乐器等等；也可能是孩子提出意见，想要从事一项活动或是完成一件事情。

坚持度高的孩子在面对困难时，心里会想，"再试一次，说不定就会成功"，因此阻碍反而会激起他们的斗志，让他们设法解决眼前的困难。同时他们相信自己的努力，会造成不同的结果。这样的特质用在学习上，是一个非常好的特质，所以坚持度高的孩子往往有比较好的学习成绩。他们对自己有兴趣的事情，会不厌其烦地练习，所以也比其他孩子学得快。

不过，如果当孩子的坚持度用在和父母对峙时，对父母而言，这个特质就变得不那么轻松。当坚持度高的孩子提出一个想法，爸妈如果回答"不可以"、"不行"，反而会立刻激起孩子的斗志，他会想："只要我再坚持久一点，再多说一些理由，一定可以改变爸妈的心意。"这时他们的意志更强烈，更不易屈服，更不轻易放弃自己的主张和想法。一试再试，最后知道不可能改变才会放弃。

我只想坚持到底，错了吗？

在婴幼儿阶段，最好将家里的环境设计成可以自由探索的安全环境，以免整天都在对孩子说"不行"、"不可以碰"，或"不可以去那边"。这么多的"不"很容易引起坚持度高的孩子和你较起劲来，这时你会觉

得虽然他只是个两三岁的小孩,但他背后那股强大的能量简直和你不相上下。所以,最好将那些珍贵易碎的东西暂时收起来,把高级的音响用一块布盖住,把橱柜上锁。

孩子大一点之后,就要建立清楚的家规,避免天天为了小事和孩子僵持不下、争论不休。当父母与孩子意见相左时,不要立即否决孩子的想法,可以多花一点时间听听孩子的想法。你可以说:"我正在听,我想知道你需要的是什么。"了解孩子的立场及需要,也表达自己的立场和想法。不是妥协让步,也不是用自己的权威压制孩子,而是"协商",和孩子一起想出两全其美的解决方案。对坚持度高的孩子而言,学会尊重别人,考虑到别人的需要,运用创意想出一个双方都能接受的解决策略,是非常重要的学习,对未来的人际关系也会有深远的影响。

如果同样的争论一再出现,就得找一个时间,为这个问题开一次家庭会议,针对这个问题制定规则,以免每次遇到都得花时间讨论商议。制定规则最好是在双方心情平静的时候进行,孩子的意见也要纳入考虑,他必须表示同意,才会愿意遵守。由于坚持度高的孩子想达到目的时会不择手段,所以非常会钻漏洞。在制定规则时,一定要说清楚,并且考虑到各种不同的情况。当规则实行一段时间后,要配合实际情况进行修改和补充。

孩子提出无理的要求时,要让孩子知道他已经触到了底线,父母绝对不会再妥协,他再坚持也没有用。久而久之,孩子会学到,当父母发出这种信号时,自己就不必再坚持下去了。坚持度高的孩子就像是菜市场里最爱讨价还价的人,一再测试老板的底线。

从另一个角度来看,坚持度高的孩子有许多可爱之处。东西坏了,他会努力把它修理好;钢琴弹得不好,他会一再练习;学骑自行车时,摔倒了他也会再爬起来。有一首儿歌中唱道:"这是一句好话,再试一下,一试再试做不成,再试一下。"用这句歌词来形容坚持度高的孩子实在是再贴切不过了。

愈挫愈勇,坚持己见

不过当这种特质非常极端,变成一种追求完美的固执时,就可能造成孩子适应性上的困扰。有些孩子会为了一个目标,重复练习,不肯休息,或是给自己制定很高的标准,非达到不可。这时候,父母反而得协助他放松自己,不要那么固执,降低自我的要求,学习接受不完美,享受轻松。家长在选择玩具时,也要小心避免难度太高的玩具。有的孩子不清楚自己的发展阶段，会一味想要克服所有的困难，玩超龄的玩具，反而造成很多挫折情绪，边玩边生气。家长要把那些对孩子的发展阶段而言太难的玩具先收起来，等孩子的能力可以克服困难时，再拿出来给他玩。

坚持度高的孩子，内在有一种愈挫愈勇的性格，所以遇到困难和反对的意见时，他会更加坚持己见。和固执的孩子相处，亲子之间很容易形成一种权力争夺战，孩子会以为不是我赢就是你赢，只有输和赢两种结果。因此，孩子有时候坚持只是为了维持自主性，自己也常常不知道为什么要这么坚持。

面对孩子固执又说不出原因时，父母可先猜猜他为什么会有这个想法，并且把你的猜想说出来。如果你也想不出来，可以说："我想你这么坚持，一定有你的理由。"这个稍微软化的态度，让孩子失去了对抗的目标，也就无法再固执下去。当孩子感觉自己被尊重和被了解之后，自然会变得比较柔软，不再那么坚持，双方也就有了商量的空间。接下来，父母可以说出自己的担心和考虑，让孩子也表达他的想法，协商出折中的解决办法。

固执的孩子要学会凡事不用争到赢，有一种情况是"没有谁输谁赢的协商"，各退一步才能解决问题。

这样的做法，也可以避免让孩子以为只要坚持到底就能够随心所欲。如果孩子在闹情绪的当下无法妥协，可以在事后他们情绪较缓和时，再和孩子练习协商。

我不坚持，因为太麻烦了！

坚持度低的孩子很好相处，不太会坚持自己的想法，很容易妥协。所以妈妈说东，可以，妈妈说西，也OK。遇到阻碍，他们很少费力气去克服或直接冲撞，选择转个弯儿比较容易。

但是，对于自己的功课和学习，他们也很容易向困难妥协，碰到小挫折就投降，不会费力去解决难题或冲破难关。所以，小时候对父母而言他们是个好带的孩子，但往往到了学龄阶段，父母却开始为他们的学习态度伤脑筋。

坚持度低的孩子心里最常出现的一句话是："这太难了，太麻烦了，我没有办法！"他们很容易放弃，喜欢选择比较简单的事情做，或是向大人要求协助。这时候，陪伴的家人要对他说："我们来看看，有什么比较简单的方法来解决这个问题。"孩子喜欢简单的事情，而且最好有人陪他一起做，这样他遇到困难时，随时可以求助。当一个工作分成几个小部分时，难度就降低了。当难度降低时,坚持度低的孩子才会开始愿意尝试做做看。

所以,父母可以把功课或工作分成几小段,分段完成,做完一段就给他鼓励,中间可以休息,这样一个工作看起来就不会那么困难了。当孩子完成事情时,要对他的能力和坚持给予充分的肯定和鼓励,让他看到自己的能力,以及自己的坚持对于事情所造成的影响。分享孩子成功的喜悦,能让他加倍体会完成的成就感。例如,孩子觉得拼图太难,不想玩,家长可以先从简单、片数少、难度低的开始,陪他一起玩。家长可先拼好一部分,留一两片给孩子拼,让孩子有成就感,以渐进的方式建立孩子的信心和兴趣。

孩子在学习的过程中,如果挫折感太大,得不到乐趣和成就感,就不会有兴趣。孩子的学习动机取决于素材的难易度。当学习素材的难度比孩子的能力稍微高一点时,孩子的学习动机最高。所以,家长在陪伴孩子学习时,要安排适合的材料。太简单的东西,缺乏挑战性,无法引起兴趣;难度太高,又会让孩子有挫折感,放弃学习。只有那些有点难又不太难的事情,才会让孩子有信心挑战,有超越和克服的动机。这时,成功的概率最高。

千万不要将他和其他孩子比较,孩子自己和自己比就可以，让他以自己的程度和步调来进步，也因此给他充分的鼓励。陪伴坚持度低的孩子学习时，最好不要说出令他挫败、打击信心的话，否则孩子会很容易放弃，甚至自暴自弃。当孩子产生排斥感时，就得花更多的工夫，重新建立对学习的兴趣。

Q：孩子平常很贴心，但是一碰到他不想面对的事情时，尤其在写作业、复习功课时，他的情绪就会上来。怎么办？

A：孩子在面对不想面对的事情时，缺乏解决的策略及克服困难的坚持度，加上情绪反应的强度较强烈，长久下来，不知不觉会发展出以强烈的情绪反应作为逃避面对问题的习惯性策略。我们可从以下几个方面来协助孩子改善：

1. 转换负面情绪。孩子碰到难题时，情绪容易最先表现出来，整个人被负面情绪占据，没办法运用理性思考面对问题。在出现情绪的时候，要接纳、理解并安抚孩子，转换情绪之后，才能心平气和面对问题。"妈妈知道你很不想写功课，但是生气也没办法解决问题。我们先去吃点点心，等你心情好一点，再一起来看看你的困难。"

2. 帮助孩子建立解决问题的能力。和孩子讨论不想面对的事情是什么，或困难在哪里。将一件事分成几个小部分，一步一步来处理，就不会那么困难。陪着孩子一起面对，对孩子做到的事立即给予肯定。孩子不喜欢写作业和复习功课，因为无法从中得到成就感。可以观察孩子目前的学业表现，帮孩子制定可以达成的目标，给予奖励和肯定。让孩子看到自己的努力（写作业和复习功课）和结果（成绩的进步或是外在的奖励）之间有密切的关联，孩子才会有动力去做。目标不要定得太难，必须是孩子稍微努力就可以达到，这才能激发他面对挑战的动机。父母也要在学习的技巧上帮助孩子，有时候孩子需要的是课业指导，或是教会他复习功课的方法和策略。

3. 将生活趣味化。日常生活的例行事务常令人感觉枯燥乏味，试着发挥创意，用游戏的方式或心情面对那些不想面对的事，说不定可以创造出新的乐趣，也可以转化情绪。例如，把做功课设计成一种竞赛或游戏，完成之后可以得到奖品。

4. 回顾成功的经验。常提醒孩子，上次如何化解负面情绪，并且克服困难的。让孩子看到自己的进步，提升自信心，下次就可以做得更好。

孩子篇

	从不如此	偶尔如此	经常如此	总是如此
1. 闹情绪时，很容易被身边的刺激吸引而转移注意力。	1	2	3	4
2. 做事情时，很容易注意到有人从旁边经过。	1	2	3	4
3. 写作业或学习时，会边写边玩，喜欢停下来把玩桌上的东西。	1	2	3	4
4. 讲故事时，很容易因为周围其他人的活动而分心。	1	2	3	4

总分 10 ~ 12 分：注意力较容易分散
总分 13 ~ 16 分：注意力相当容易分散

总分

	从不如此	偶尔如此	经常如此	总是如此
1. 做事时，常常非常投入，对周围的刺激完全没有感觉。	①	②	③	④
2. 专心于一件事情时，不容易被干扰，旁边有人走动也不会引起他的注意。	①	②	③	④
3. 看电视时，对别人呼唤没有反应，好像完全没有注意到其他人。	①	②	③	④
4. 写作业或学习时，即使旁边有很多好玩的玩具，也不会分心。	①	②	③	④

总分 10~12 分：注意力较不容易分散
总分 13~16 分：注意力相当不容易分散

总分

父母篇

注意力容易分散

	从不如此	偶尔如此	经常如此	总是如此
1. 如果身边有什么风吹草动，常常是第一个注意到的人。	1	2	3	4
2. 工作或念书时，常常不专心，容易分心。	1	2	3	4
3. 只要旁边有人经过，通常会转头看一下。	1	2	3	4
4. 做一件事时，常常会被周围好玩的东西吸引，停下来东摸摸、西看看。	1	2	3	4

总分 10 ~ 12 分：注意力较容易分散
总分 13 ~ 16 分：注意力相当容易分散

总分

	从不如此	偶尔如此	经常如此	总是如此
1. 专注做一件事情时，常常不会觉察到旁边的声音或动静。	1	2	3	4
2. 看电视或报纸时，常常会因为太专心，别人打招呼都听不到。	1	2	3	4
3. 听演讲时，可以专心听讲，不受旁边的小事情影响而分心。	1	2	3	4
4. 可以专注地把事情一口气做完，不会因为其他事情而被打断。	1	2	3	4

总分 10 ~ 12 分：注意力较不容易分散
总分 13 ~ 16 分：注意力相当不容易分散

总分

> 注意力容易分散的孩子，无法定下心来，容易被周围的事物影响而转移注意力，同时，因为注意力容易转移的缘故，他的情绪也较容易安抚；反之，注意力不容易分散的孩子，就没有那么好对付。

8 注意力分散度：专注三小时还是三秒钟

注意力分散度，指的是孩子的注意力容易被周围刺激吸引而转移的程度。

孩子三岁之前，有一个很好用的教养策略叫作"转移注意力"。当孩子出现不恰当的行为，或是提出无理的要求时，父母用另一个吸引他注意的物品或活动，来转移他的注意力。注意力容易分散的孩子通常很快就被新的刺激吸引而中计；注意力不容易分散的孩子就没那么好对付，虽然有好玩的东西吸引他，但他还记得刚刚想要的那个东西。

注意力易分散的孩子，情绪比较容易安抚。哭闹时，只要给他玩具或食物，他很快就忘记了刚才的要求，父母会感觉他比较好带。但到了学龄阶段，这个特质却会让父母伤脑筋。做功课时，孩子一听到外面有什么动静，就要出来查看一下。上课时，旁边同学动一下、摸头发、拿东西等等，都可能分散他的注意力，从而没办法持续专注在老师的讲课内容上。

也有些孩子的想象力太丰富。上课时，老师提到的一句话，就会让他联想到相关的事情，从而神游到自己想象的世界里。过了几分钟，才突然回过神来，发现完全没有跟上脚步，不知道老师讲到了哪里。这些孩子常常神游在自己的世界里，无法完成老师安排的功课或工作。但他们丰富的想象力其实是很可贵的，很多有创意的艺术家或科学家，小时候就经常对大人说的话心不在焉。

我不专注，所以很好对付

注意力容易分散的孩子，其注意力筛选滤网和一般的孩子不同，不论什么刺激，他都会注意。上课时，他无法忽略其他无关紧要的动静，也无法只把注意力聚焦在老师身上。所以注意力易分散的孩子在学习时，需要特别的安排来帮助他专注。

1. 孩子的学习环境最好能够安静、简单，不要出现太多可能让他分心的杂物。

2. 上课时，最好让孩子坐在离老师最近的地方。孩子的注意力不必穿越重重障碍才能到达老师，这样被干扰的概率就会比较小。最好不要坐在窗边，以免上课时受到外面的干扰。

3. 回家做功课或学习时，尽量少出现易让孩子分心的东西。例如电视、收音机，或桌上的小玩具。这样，孩子可能会写一个字就停下来玩一阵，拖拖拉拉写很久。最好保持桌面干净，只有写作业要用的东西。

4. 把作业分成几个部分，每二十分钟让孩子休息一下，然后再写下一部分。

5. 最好有人能陪伴孩子做作业，时时提醒他专心。有些注意力易分散的孩子，即使桌面很干净，也可能会拿着铅笔、橡皮玩起扮演游戏，或写着写着就不知不觉发呆走神。这时有人陪伴就可以及时提醒他。

6. 当孩子好不容易专心时，不要打断他，和他说话或聊天，或指正他的错误。

7. 当事情开始重复没有变化时，孩子的注意力就会转移到其他更有趣的事情上。所以孩子的学习情境，最好能安排较多的变化。强烈的声光效果和双向互动比较能够持续吸引孩子的注意力。有些老师喜欢运用有趣的教具或游戏来进行教学，就很适合注意力易分散的孩子。

8. 给孩子指令时，最好简短、明确，一次给一个指令，孩子才会记得。最忌讳这样说，"你先把杯子拿去厨房，再去洗个手，然后去房间把作业本拿到妈妈这边来"。这时，孩子可能只接收到了第一个指令，后面的根本就没进脑子。

9.孩子因为注意面广，和小朋友相处时，很容易注意到别人的事。往往跟他无关的事，他也喜欢插上一脚，介入很多争执。父母要教导孩子区别哪些事情要管，哪些事不要过去凑热闹。

相反，有些孩子一旦专注做一件事，旁边发生什么事他都不会注意到，妈妈叫他，他都没有听到。这类小孩很容易专注在自己的世界里，好像把所有的感觉通道都关上了。如果孩子常常这样，不要以为他是故意不理人，可能是他太专注于自己的事情，没有注意到其他的信息。妈妈可以试着用触觉或视觉的刺激让他接收信息，不要隔着房间叫他，而是走到他身边拍拍他，看着他的眼睛说话，确定他的注意力已经转移到妈妈身上。

孩子篇

	从不如此	偶尔如此	经常如此	总是如此
1. 会抱怨衣服的标签或袜子的线头让他不舒服。	1	2	3	4
2. 对光线的强弱、声音的大小、温度的高低很敏感，常会受到影响。	1	2	3	4
3. 对人的表情、说话的语气观察很敏锐，很会察言观色。	1	2	3	4
4. 常常会注意到环境中细微的变化，例如，会注意妈妈换了发型或眼镜。	1	2	3	4

总分 10～12 分：反应阈偏低
总分 13～16 分：反应阈相当低

总分

反应阈高

	从不如此	偶尔如此	经常如此	总是如此
1. 衣服的标签或袜子的线头对他没什么影响，有时甚至连衣服弄湿了也不太在乎。	1	2	3	4
2. 对于外在环境的声光变化，常常显得很迟钝，要别人提醒才会注意。	1	2	3	4
3. 不会看人脸色，显得不够精明，有点不识相。	1	2	3	4
4. 常常显得迟钝、不用心，感觉很不敏锐。	1	2	3	4

总分 10 ~ 12 分：反应阈偏高
总分 13 ~ 16 分：反应阈相当高

总分

父母篇

反应阈低

	从不如此	偶尔如此	经常如此	总是如此
1. 对于光线的强弱、声音的大小、温度的高低、气味的变化通常很敏感。	1	2	3	4
2. 对于别人的表情、动作和说话的语气观察敏锐。	1	2	3	4
3. 通常在别人还没有注意之前,就发现有奇怪的味道、声音。	1	2	3	4
4. 到光线强烈、人声嘈杂、拥挤炎热的地方,比别人更难以忍受。	1	2	3	4

总分 10 ~ 12 分:反应阈偏低
总分 13 ~ 16 分:反应阈相当低

总分

反 应 阈 高

	从不如此	偶尔如此	经常如此	总是如此
1. 对于环境中的刺激,常常浑然不觉。	1	2	3	4
2. 不太会察言观色,常常后知后觉。	1	2	3	4
3. 环境中的光线强弱、声音大小、温度高低,很少会使我不舒服。	1	2	3	4
4. 常常在别人告诉之后,才发现有奇怪的味道、声音。	1	2	3	4

总分 10 ~ 12 分:反应阈偏高
总分 13 ~ 16 分:反应阈相当高

总分

> 反应阈低的孩子,在大家都可接受的情况与环境下,他可能会抱怨声音太大、光线太强等,所以父母带他们出去时,要特别注意孩子所处的环境是否有太强的刺激;反应阈高的孩子,相对就比较迟钝,或在人际关系中也会显得很迟钝。

9 反应阈：风吹草动还是不动如山

反应阈（音 yù）指的是孩子对外在物理刺激（包括声音、光亮、温度、气味等）的敏锐程度，也包括对人际互动中非语言线索察言观色的能力。反应阈低的孩子感官比较敏感，只要外在的刺激超过他的阈值，就会有感觉。例如，他们在柔和的光线之下，情绪比较稳定。反应阈高的孩子，则需要较强的刺激才会有感觉。他们的感官较迟钝，太冷或太热都不知道，有时候对疼痛也不太有感觉。

我很敏感，但不是故意找麻烦

反应阈低的孩子，在一般人可以忍受的情况下，会觉得环境中的声音太大、光线太强，令他受不了。父母不是他，很难理解他的感受，但不要误会他是故意找麻烦。如果孩子常常在刺激较强的情况下，表现出不舒服或烦躁的情绪，就要考虑孩子是不是反应阈低，所以对环境的刺激太敏感了。

有些孩子对衣服的标签或袜子的线头会感觉很不舒服。很多妈妈会在衣物买回家后,先把这些扰人的部分剪除,同时也不买有许多装饰的衣物,或高领的毛衣,以免孩子穿起来不舒服,使其一直抱怨痒痒或不舒服。有些小女孩在夏天必须把头发绑起来,因为流汗时头发黏在脖子上不舒服。

大人带孩子到嘈杂的环境时,要注意孩子的情绪反应,避免在刺激强烈的地方待太久。当孩子开始烦躁不安时,要考虑他是不是太热了,流了许多汗不舒

服，或是逛街的环境太吵、太亮、太拥挤，孩子的情绪已经不胜负荷了。除了尽量避免让孩子处在这种不舒服的情境之外，也要教导孩子学会用描述感觉的词汇来表达自己的感受。孩子往往不知道自己的感觉和别人不同，以为大家的感受都和他一样，所以不会说出来。

一般而言，只要不过分保护孩子，让孩子有机会以渐进的方式暴露在各种声光环境之下，随着孩子的成长，身体会渐渐习惯并适应外在的刺激；反应阈太低的孩子也会在后天的磨炼之下，渐渐提高反应阈。大部分的孩子到了学龄阶段就不会再那么敏感了。

我不敏感也不想迟钝，请教教我

反应阈高的孩子很少会因为外界的刺激引起不适而抱怨，他们对很多事情都不太在意。有的孩子可能已经大便在尿布上了，仍旧能开心玩耍，完全不觉得难受。这时父母可能就要敏锐一些，替他多留意。

对人际互动中的非语言线索的反应阈太高，例如爸爸已经生气了，孩子还是浑然不觉，这样容易带来不好的后果。反应阈低的孩子比较会察言观色，看到别人的表情反应，就知道自己该如何应对。不但他们的人际关系会比较融洽，在学校的课业表现也会比较好，因为可以通过对老师表情的观察，觉察到考试的重点。

相对的，反应阈高的孩子就比较迟钝，常常对别人的状况搞不清楚，不够敏锐。家长可以教导孩子学习观察和解读别人的非语言行为，通过表情和动作来猜测对方内心的感受。例如，和孩子一起观看人际互动的卡通影片，如《樱桃小丸子》，并且和孩子讨论观察到的情景。借着生活中的实例，找机会教育孩子。家长可以利用孩子最喜欢的卡通片或绘本，和孩子一起讨论如何观察别人的表情，解读别人的情绪。

明确家庭教育中的十项优先重点,
为孩子塑造能够成就自我的优秀品格!

扫码免费收听《父母最艰巨的工作》,
20分钟获得该书精华内容。

第 3 章　教养有技巧，孩子更开心

亲子关系

行为与管教

培养自信心

手足关系

交朋友

准备入园（学）

选择适合的才艺班

为孩子的未来规划

亲子关系

我们和孩子之间有一份属于彼此的特殊缘分。孩子很贴心，和你相处融洽，好像前世的情人，这是一份美好的缘分。然而有些时候，大人和孩子之间却好像天生不对付，你看他不顺眼，他也特别会找麻烦。这份关系很可能就是你今生的功课和挑战，这个孩子可能是带给你烦恼最多的人，但也往往是使你学习最多和成长最多的那个人。

亲子之间的关系也会受到两人天生气质的影响，不同的组合会带来不同的祝福和挑战。不同气质的亲子组合，会形成不同形态的亲子关系。当两人的气质正好相合时，彼此互相喜欢，相处和谐。若是两人的气质正好相冲，任何事都可能带来争吵。当亲子之间冲突不断时，家长可以运用本书第二章的评估结果，思考自己与孩子的气质是如何相互影响、彼此激荡的。

但父母毕竟是亲子关系中比较成熟的那一方，比较有能力调整自己。所以最重要的是，父母能够拓展自己对人的看法，提醒自己每个人都是独特的，和自己不同的特质也有存在的价值，让自己的想法更多元、更有弹性，这样才能欣赏孩子的特质和优点。

父母 vs. 孩子的气质

活动量大的孩子 vs. 活动量低的父母

好动的孩子有用不完的精力，常常令安静的父母受不了，他们没有那么多精力追着孩子跑。最好家里能有其他的帮手，像爷爷、奶奶、哥哥、姐姐，大家轮流陪他消耗体力。如果父母其中一个人也很好动，就多安排他们两人一起活动。

活动量低的孩子 vs. 活动量大的父母

活动量大的父母说走就走，动作迅速。性子比较急的父母会受不了孩子的慢吞吞而忍不住指责他。父母要提醒自己，孩子并不是故意拖拖拉拉，除了要试着放慢自己的脚步，给孩子多一点时间之外，也可以用好玩的游戏或竞赛的方式激发孩子的兴趣，训练孩子加快速度。

孩子的世界里其实是没有时间观念的，他们大多

是活在当下,不太会计划下一步。所以有时候孩子动作慢,是因为他们比较能专注投入享受当下的情境。孩子可能会被路边的小花或小虫子吸引,停下来观察、欣赏。有时候短短一段路,孩子能走好久。相反,大人往往都是在赶路,急着想赶往下一个目的地,完成下一个目标,而无视路上的风景。所以,有空的时候不妨放慢脚步,学学孩子的生活方式,试着以他们的角度看看这个世界。我们会从孩子身上学到生活其实不必这么匆忙,以目标为取向,真正的乐趣一直蕴藏在被我们忽略的过程中。

有规律的父母 vs. 不规律的孩子

对有规律的父母而言,维持良好的规律和秩序才会有安全感,他们会受不了孩子的不规律,因为他们总是把生活作息搞得一团乱。当他们觉得孩子的不规律令人忍无可忍时,难免会发一顿脾气,责骂孩子。

除了用渐进式的方法养成孩子的作息规律之外,父母也要试着放松自己,学习接受并欣赏孩子的自发性。规律性低的孩子不会受限于僵化的思考和行为习惯,也比较有创造力,他们看似混乱的生活中,其实蕴藏着无限的创意。

不规律的父母 vs. 有规律的孩子

规律性低的父母会觉得孩子的规律太僵化，缺乏弹性。父母随性的生活模式也会使孩子觉得很辛苦。彼此之间若能相互影响和调整，对双方都有好处。

主动好奇的父母 vs. 害羞退缩的孩子

主动外向的父母很难理解孩子的胆小害羞，尤其是当孩子是男孩时，更容易被父母指责和羞辱："你像个男孩子好不好"，"男孩还这么胆小"，"你这么爱哭，到底是不是男孩啊"。但指责和羞辱并不能帮助孩子变勇敢，只会让他形成"我是没有用的胆小鬼"的自我概念。只有不断积累成功的经验，才能让孩子建立信心，相信自己可以克服恐惧，面对困难。

家长可以想象自己最害怕的事情，以此去揣摩孩子害怕时的感觉。孩子坐过山车时的恐惧，就像父母面临飞机失事时的惊恐。孩子看到小狗的害怕，就像父母看到老虎的感觉。通过这样的方式，试着用同理心感受孩子，就比较容易接纳他主观的感觉，并且设法帮助他学习克服。

主动好奇的孩子 vs. 小心谨慎的父母

小心谨慎的父母常常被孩子的大胆作风吓到,因此时时刻刻提心吊胆,生怕孩子又做出什么危险的事情。孩子则常常感觉被限制,什么都不可以做,不可以去游泳,不可以和同学出去玩。容易担心的父母要学习放宽限制,与其一味限制和控制,倒不如教会孩子保护自己。孩子总有一天会离开父母身边,我们不可能永远限制和保护他们。孩子如果从小什么都没有尝试过,离开父母那天,反而会不懂得如何保护自己。孩子在父母的陪伴下尝试和冒险,才会知道可以冒险的界线和范围。

反应强度强的父母 vs. 反应强度强的孩子

全家人反应强度都很强的结果,是家人之间互动时嗓门都很大,开心时会抱在一起大声喧闹,非常忘我;吵架时,也会互相叫嚣。情绪是会互相感染的,如果彼此的情绪反应强度都很强,就很容易进入激动的状态,最后只是发泄情绪,无法进行有效的沟通。家长必须先学会控制自己的反应,先让情绪平静下来,降低音量,才能协助孩子也平静下来。

反应强度强的父母 vs. 反应强度弱的孩子

如果家长的反应激烈,会让反应强度弱的孩子更不敢表达,凡事藏在心里。因此,家长要设法克制自己,少说多听。鼓励孩子多表达,即使是少量微弱的反应,都应该给予鼓励,孩子才不会更加畏缩。

坚持度高的父母 vs. 坚持度高的孩子

如果亲子之间彼此的坚持度都相当高,就很容易出现彼此对峙的情形,为了某件事互不相让,比赛谁能坚持得更久。这时候,对峙的双方都需要学习站在对方的立场看问题。如果能够了解对方坚持的理由,就容易找到彼此都能接受的妥协方案。因此,父母和孩子都需要培养同理心和沟通的能力,才不至于变成自我中心。如果经过思考和沟通之后,仍觉得需要坚持,就再设法说服对方,使其接受自己的想法。

父母也要学着欣赏孩子的坚持。当孩子渐渐长大,父母要学习放手让孩子自己做决定,不要认为他们还小,什么都不懂。孩子的坚持其实常常是对的,他们的意见和想法,有时候比大人考虑得还要周全,只是父母还不相信孩子的判断,或是放不下面子。如果仔细听过孩子的想法,觉得孩子的想法很好,就应该鼓励和肯定他的判断力,这样,孩子才能学会独立,相信自己。

坚持度低的父母 vs. 坚持度高的孩子

这样的组合中,父母比较容易顺着孩子的意志,孩子只要坚持,父母就会妥协。久而久之,孩子会以为任何事情都可以由他的意志来决定,变得唯我独尊,无法接受别人不同的意见。因此,父母要提醒自己,不要放任孩子的权力无限扩大,这样孩子会形成自我中心的人格特质,将来在人际交往中,会出现很多的问题和困难。在孩子年纪还小的阶段,一定要让孩子学会尊重别人的感觉、想法和意见,考虑别人的立场和需要,这样长大以后,才不会在人际关系中受到排斥。

如果父母的坚持度正好一高一低,也很容易出现教养上的问题。例如,妈妈坚持的原则会被爸爸破坏,小孩如果稍微撒娇或坚持时间久一点,爸爸就投降了。久而久之,父母的管教态度不一致,孩子就会学会钻漏洞,知道向谁要求比较容易成功,这样就很难建立规矩。所以,坚持度较低的父母要学会温和而坚定的教养态度,并将这种态度通过练习变成自己的习惯。

其实,大部分夫妻彼此的个性是互补的,因为不同所以才会互相吸引。因此,在孩子身上常常可以看到许多父母个性的有趣组合。如果从自己和配偶的气质来了解孩子，就不会太担心孩子，顶多就是长成一个像自己一样的大人，也不会太糟糕。我们也可以从孩子的气质来更进一步了解自己和另一半的个性，从孩子身上看到自己或对方小时候的样子，因而对彼此的个性有更深入的洞察和了解，进而发现彼此更多可爱的方面。

良好的亲子关系是一切教养的基础。不论亲子之间是何种气质组合，孩子真正感受到的是父母言行背后的真实情感，父母是不是真的接纳孩子？了解孩子？都会在潜意识的层面传达给孩子，成为影响人格成长的主要因子。

Q：女儿做错事，我说她，她就不高兴，又很爱顶嘴，真是让人伤透了脑筋！真不知道她心里在想什么？我该怎么教她？

A：小孩做错事被责备后都会不高兴，有的小孩会把不高兴放在心里，而有的小孩会说出来。父母会觉得小孩在"顶嘴"，其实孩子只是在表达自己的感觉和想法。在孩子发展自我及追求独立的过程中，这是相当正常且健康的表现。父母不必认为小孩反抗顶嘴就是有问题，或是认为自己没有教好而自责。父母只要避免用说教和唠叨的方式管教，就不太会引起孩子的反抗和顶嘴。可以试试下面的方法：

1. 用自然且合理的要求制定家规。如果孩子做错事，就依照家规要他为自己行为的后果负责。让行为的后果教会孩子下次不要再犯错，其他不必多说。

2. 用"三明治法"指出孩子的错误。先肯定孩子做得好的地方，再指出具体错误，最后再表达爱和信任，相信他一定可以改正。在表达时，要做到对事不对人，对孩子的行为要确实地引导和确认，管教后一定要重申，并且以行动表达对孩子的爱。

3. 建立良好的亲子关系。父母和孩子彼此喜欢的程度愈深，孩子愈会听从父母的指导。平常要挤出时间和孩子一起玩乐，倾听孩子的分享，增进彼此的亲密感。

4. 注意自己的语气和声调。生气、批评、充满敌意的语气和态度，最容易引起防卫心态和反抗情绪。和孩子一起讨论事情时，父母的态度最好温和、冷静，即使孩子做错事，父母也别急着纠正孩子，避免孩子也跟着学。

5. 用"我信息"取代"你信息"。例如，"你"吃东西前都不洗手吗？通常是在贬低、批评和责怪孩子，容易激起孩子的怒气和反抗。"我"信息则是："妈妈担心你没有洗手，会把细菌吃进肚子里而生病。"把内心的感受和忧虑表达出来，相信孩子会尊重我们的感受，自己承担调整和改变行为的责任。

行为与管教

从孩子能理解父母的语言与非语言反应的那一天开始,管教就成为父母很重要的一项工作。管教的基础是良好正向的亲子关系,包含爱、支持与信任。如果亲子之间没有爱的基础,管教很难产生好效果,孩子充其量只是畏惧父母的权威,表面上顺从,但无法真正了解管教背后的含义,并且将之内化为自己的信念。因此,若父母拥有丰富的管教策略,就不会因为缺乏方法,感到挫折无力,产生愤怒的情绪,最终只会用打骂的方式来解决问题。

日常生活中的管教语言

父母应用正向的语言指引孩子的行为。在日常生活中,尽量以正面的用词陈述规则,以该做什么代替不该做什么。

除非在紧急情况下,尽量少说"不可以"、"不要"、

"不行"。

用"慢慢走"代替"不要跑";

用"吃你的饭"代替"不要玩你的菜";

用"坐好,其他小朋友才看得到"代替"不要站起来";

用"请你轻轻的"代替"不要乱敲东西";

用"请你小点声说"或"你可以在我耳边轻轻说吗"代替"不要尖叫"、"干吗这么大声"或"吵死了";

用"请你的手脚休息一下"代替"不要动来动去,

坐好"；

用"请你们轮流玩"代替"不要抢"；

用"请你说出来"代替"不要哭"。

以尊重的态度要求并且指导孩子，如，"吃完后，请把餐具及杯子丢在垃圾桶"。清楚说明规则以及限制的理由，"走慢点，才会安全而且不会跌倒"、"在地铁上要轻声细语，才不会打扰到其他人"、"我知道等待轮流不容易，但是其他小朋友也想要一次机会"。用语言指导时，同时示范正确的行为，孩子更容易学习，如，"把你的背包挂在这里，就像这样"、"擦干手后，把纸巾丢到这里"。可以一边说，一边示范。

当孩子表现出良好的行为时，应立即给予肯定，并具体陈述事实："把玩具收拾好，下次要玩时就不会找不到了。""我看到，今天你跟弟弟分享玩具了！弟弟看起来也很开心。"肯定孩子时请避免和其他孩子比较，但可以和他自己之前的表现做比较，如，"你今天吃饭比昨天快很多"，而不要说"你吃得比哥哥快，好厉害"。针对过程给予肯定，而不是强调对结果的评估，如，"我看到你很专心，画了好久，画了好多东西，告诉妈妈你画了什么？"而不要说，"你画得太棒了，你真是个小画家"。把孩子的行为与他们的乐趣或愉快联结，或是与他们的行为对他人的影响联结，如,"你今天和姐姐一起玩过家家,心里是不是觉得很开心?""你和弟弟分享玩具,弟弟好高兴。"

针对孩子的行为进行管教,不要进行人身攻击或羞辱孩子。当孩子做出不适当的行为时,切记对事不对人,强调他的"行为"是不被别人接受的,不要强调他是"坏小孩"。否则,久而久之,孩子会觉得你不喜欢他,他也会不喜欢自己。

制定家规及生活中的规矩

每个孩子天生都喜欢玩乐、尝试、冒险,并通过自己的体验来学习。父母给孩子足够的空间自由探索,才能发展孩子的自信心,保持他原始的创造力。孩子的天性是自由奔放的,但同时又希望知道界线在哪里。为孩子订立界线不是限制孩子,而是让孩子清楚知道什么时候可以放,什么时候又必须要收。给孩子具体简明的规范,胜过让孩子通过尝试错误去摸索出规则。如果孩子知道什么行为是可以接受的,什么是不被接受的,他就会比较有安全感。

所以,基本的规则与限制是需要的。建立界线就是"不能再越雷池一步",让孩子知道必须就此打住,到此为止,不能再跨越半步,因为前方就是墙壁。唯有尝过碰壁的滋味，孩子才能逐渐成长。不过墙壁必须足够坚固，禁得起孩子的碰撞才行，摇摇晃晃的墙壁，只会让孩子不安。让孩子明白有界线存在，父母就可以安心了。

学龄前的孩子，会在父母面前尝试各种极端破坏性的行为，例如大声尖叫哭闹、打父母、破坏东西，这些行为是他对父母爱自己的一种信任，相信父母完全可以接纳这样的他，不会被他的破坏行为击垮。孩子用各种非常行为来挑战试探外在的稳定性时，内心其实是寻求一个强壮、慈爱又有自信的人来管教他，期待父母能提供稳定、坚固的结构和限制，来包容他，帮助他学会自我控制。

制定规范时，必须考虑孩子的语言能力、理解力、天生的气质及发展阶段。有明确的规范可以让孩子知道如何预测事情的后果，学习因果关系的概念，也可以让孩子知道团体生活的限制，以及大家都遵循的规则。此外，规范还可以避免孩子遭受危险。大人必须以精确简单的方式与孩子沟通他应该做什么，不应该做什么。他需要知道规则，明白如何才能符合你的期望。应该说明各种规矩的意义，而不只是宣布该遵守哪些规定。告诉孩子你的期许，和孩子讨论你的价值观、原则以及必须遵守规矩的原因。制定规矩的目标不是控制孩子，而是教导孩子学会控制自己，并为自己的所作所为负责。当孩子了解他有能力控制自己时，同时就会建立自信与自尊。经由练习、经验以及前后一致的引导，孩子就能逐渐将社会的规范内化为内在的声音，引导自己的行为。

你可以和孩子开会制定规则，说明规则的用意。"为了让全家人住在一起都可以很舒服，我们需要制定一些规定。这是为了让我们按照自己的方式做事情的时候，不会影响到别人，让别人不舒服。"父母可以先拟定草案，再和孩子一起讨论。孩子对自己同意的事，比较容易遵守。可以设计两选一的选择机会，让孩子有被尊重的感觉。"你可以决定回家之后是先换鞋，还是先把外套挂好。"关于安全性的规定，不需要讨论，可以直接宣布，但要仔细解释让孩子了解目的。把规则用图画的方式画下来，贴在明显的地方。每隔一段时间，如果又出现新的问题，可以再次开会调整规则的内容。孩子很健忘，需要经常提醒。最好在孩子可能犯规前提醒他，预防胜于治疗，事先的计划与思考可以避免发生问题。

一旦孩子出现违反规定的行为，不论他是否蓄意，你都要立即让孩子接受自己行为的后果，这个后果是原先就约定好的。它可以是重复正确的行为、取消权利、罚站、为事情善后等等。

管教是持续不断的教导过程，是坚持与讲理的结合。处罚的目的不是要让孩子痛苦或宣泄父母的怒气，而是帮助孩子建立良好的行为习惯。所以只有在约定的事情上孩子仍然犯错时，才能进行处罚。

不当行为的处理

孩子出现不当的行为，首先要做的是分析行为的前因后果，是什么引发了孩子的行为？孩子的行为要达到什么目的？大人是不是在不知不觉中，鼓励了他的不当行为？试着去了解孩子行为背后的目的，是不是为了引起注意、得到满足、测试父母的底线、宣示独立性或掌控父母。

许多问题行为的发生，常常与情境的刺激有关。所以，处理不当行为的第一步是通过环境的调整减少不当行为出现的概率。例如，孩子容易在超市吵着要买东西，因此尽量少带孩子去超市就可以避免这种行为的发生。或是调整环境，避开引发不当行为的情境，改变家庭环境的布置，减少问题出现的机会。尤其当家里有小小孩时，一定要简化家里的陈设，做好防范措施。如果家里的设施可以调整成适合孩子的高度，很多事都可以让孩子自己做。

当孩子出现不当的行为时，要慎重处理，最好是给予他自然而合理的后果，让孩子学会为自己的行为负责。有些情况下，行为之后并没有自然且合理的后果出现，只好用人为的后果，也就是惩罚。

管教的目的不是要控制孩子，而是通过让孩子了解他的行为与后果（不论好或坏的）之间的关系，来教会孩子学会自我控制。通过管教，孩子会对自己行为后果有所准备。所以，当孩子出现不当行为时，可以先提醒他，清楚说明如果他继续这样做会有什么后果，让孩子自己做选择。如果孩子明知故犯，再温和且平静地执行原先已约定好的规则。

行为的后果必须合理，不要说出一些自己也做不到的事，例如，"再不听话，我就把你送到警察局"。如果后果没有真的出现，长此以往，孩子就不再会尊重你。

在处罚的同时，大人要告诉孩子什么是被期待的好行为。小小的过失，过去就算了，不要小题大做，否则孩子会认为他做的任何事都是错的。不要只看到孩子不好的一面，只有批评。时间久了，孩子就会觉得自己不被人喜欢，觉得世界与他为敌。给孩子时间改变行为，如果他没有立即改变，也不要生气，否则他会放弃努力。当你反应过度时,要向孩子道歉,不要只是保持沉默,并且期待孩子忽略你的错误,否则孩子会认为,他长大成人后也不必对自己的行为负责任。

惩罚的方式:暂时停止法

1. 设计一个暂停区。

2. 三岁三分钟、四岁四分钟,利用定时器通知结束的时间。如果配合可以少一分钟;如果不配合,可延长一分钟。

3. 结束之后,和孩子讨论以后要如何避免同样的问题再次发生。

4. 约定过的行为才能处罚。

5. 排除其他因素,孩子明知故犯才予以惩罚。

6. 保持冷静,温和而坚定的态度,前后一致的原则。

7. 清楚说明因为做错什么,所以接受暂停的处罚,如何做才不必暂停。

8. 情绪冷静时管教孩子,不要在生气时处罚孩子。生气时肾上腺素增加,出手较重,而且会做出不适当的行为。

9. 处罚时一定要依照原先约定的原则,以及犯错的行为来处罚,不能因为"我是妈妈,我要怎样就怎样"，否则亲子之间会有权力斗争。

气质 vs. 管教

活动量大的孩子

活动量大的孩子内在较缺乏结构和限制，他们常常比较冲动，不太会考虑后果。例如，带他出门时，他总是跑在前面；下车时不注意四周的车辆；乘地铁时在车厢内跑来跑去。所以，活动量大的孩子也比较容易发生意外，因此必须制定许多与安全相关的规范。例如，安全的地方可以自己行走，危险的地方一定要和父母牵手。有些父母会告诉孩子，从自己家的车上下来后，一定不能随便离开，要等待父母指令后再行动，以防孩子一下车就跑开，这样容易发生危险。

活动量大的孩子还有一个特征是，喜欢通过自己的经验学习，所以他们喜欢尝试错误，用行为的后果来教会自己，所以，事先的说教往往没有太多的效果。即使犯错，他们也很快就会忘记，同样的教训要经过好多次才能学会。对此，父母要有心理准备，因为孩子的人生会吃比较多的苦头，才能学会简单的道理。如果孩子的气质比较小心谨慎，父母管教就会轻松很多。只要提醒他危险，他就会牢记在心，避免犯错，不敢去尝试，也少吃很多苦头。

活动量大的孩子通常很有创意，不按常理出招。所以有经验的父母要比孩子更早一步做准备，在孩子还没有犯错之前就和他讨论、提醒，不要在孩子闯祸之后，才追着他收拾善后。当孩子被以暂时停止法处罚时，也比较会想办法让自己开心，减轻处罚的效果。当处罚没有效果时，对行为的改变就没有影响。

坚持度高的孩子

坚持度高的孩子被管教时，常常不愿意低头，这样很容易激怒父母。有些孩子一犯错，很快就认错，父母反而会心软原谅他。不要认为孩子没有表现出自责和后悔的样子，就表示他没有觉得自己犯了错。要知道，孩子做错事时，自己的感觉也很不好。有的孩子自尊心较强，不愿在权威面前低头，但不表示他不知道自己错了。父母还是要保持温和、坚定的态度，就事论事。孩子慢慢长大之后，也可以告诉孩子桀骜不驯的表情和态度只会激怒大人做出更严厉的处罚。可以教孩子学会表达自己，为自己澄清，并且理解父母及师长管教背后的心意，而不需要用对抗的方式。

培养自信心

不要吝于给孩子肯定

每个父母都希望培养出自信的孩子,只是有些家长用对了方法,而有些家长采用的策略却适得其反。最常见的一种扼杀孩子自信心的方法是:"孩子表现好是应该的,不要给他们太多的称赞,以免他们骄傲自满,不再力求上进。永远要告诉孩子他的缺点,他还有哪些可以努力的空间,这样孩子才会继续努力,总有一天可以出类拔萃。虽然在我心里以孩子的表现为傲,但是绝对不能说出来,因为这样会妨碍他向上。"

可能有很多父母抱着这种"为孩子好"的苦心。孩子在这样的环境氛围下成长,为了得到父母的赞许,只好不断努力。但是就算有再高的外在成就,他心里会始终认为自己不够好,因为他已经习惯不断用更高的标准来看待自己,永远活在追求别人的肯定,"好,还要更好"的桎梏里。

因此，要让孩子有自信、自在快乐，就不要从小这样"帮助"他们。孩子有缺点需要改进，一定要帮他们想办法调整和改进；孩子有优点值得赞许，也不要吝于给他们鼓励和肯定。如果永远拿一百分的标准来看孩子被扣掉的分数，孩子永远不会有自信。唯有从零分的角度看到孩子得分的地方，孩子才会知道自己拥有些什么能力，相信自己。

孩子怎么看待自己，觉得自己是个怎样的人，是影响孩子自信心的关键。孩子懂事之后，就会通过与他人互动的点点滴滴逐渐形成对自己的看法，而其中很重要的一部分是来自于重要他人的评价。小的时候，孩子缺乏独立思考判断的能力，很难评断父母的话有多少正确性和可信度，对父母的话几乎是全盘接受。所以父母对孩子的评语，往往在潜移默化中形成孩子自我概念的一部分。父母的话语，在孩子的心里，会变成他自己的声音。即使长大了，父母不在身边，那些话语还如影随形。如果父母对孩子总是指责和批评，孩子很自然会认定自己是个糟糕的孩子。如果父母能够看到孩子的优点，并将它指出来，给予正向的肯定，孩子也自然而然会相信自己是有价值的，进而建立自信心。

正向看待孩子

每一种气质向度都没有好坏之分，都要看在什么情境下，从什么角度看待。父母如果能学会从正向的角度描述和看待孩子的特质，孩子就会喜欢自己，进而对自己充满信心。所以，家长要练习将正向的口语描述变成习惯，这样做不是要故意夸大孩子的优点，而是要如实地给孩子以反馈。从正向的角度描述，孩子会更加珍惜自己的优点，表现得更好。孩子的每一项特质都是他的资产，就看能不能在适当的情况下发挥出来。这一点得靠父母和老师的帮忙。

我的女儿从小相当好动。记得她上幼儿园大班时，有一次我去参加家长会，老师谈到带小朋友去户外教学的情形。老师先说有一次参观美术馆，大部分孩子都很安静，守规矩，只有三个小朋友跑来跑去，静不下来。这三个人分别是×××、×××和我女儿。听到老师这样说，我的脸上立刻火辣辣的。虽然早知道她气质属于好动型，这是必然的结果，但仍感觉有些羞愧。老师又谈到另一次户外教学，地点是运动公园。公园里有一座非常高大的绳索攀爬架，大部分小朋友爬到一半就停了下来，只有×××、×××和我女儿爬到了最顶端。这时，我顿觉脸上发光，感到莫名的骄傲。一阵高兴过后，我仔细想想，这三个爬到最顶端的小朋友，不就是在美术馆里最不守规矩的那三个吗？我突然醒悟到，原来孩子的特质没有好坏，就看它被摆在什么位置。放对了位置是英雄，放错了位置是狗熊。父母一定要时时提醒自己，了解孩子的气质和优势，给他们提供适合的环境，让他们得到顺情适性的发展，从而表现出他们轻松自然的那一面。这样孩子就会活得又自信又快乐，我们也会因此而得到最大的安慰。

想一想，我的孩子是个……	
如果你常说孩子是……	你也可以说他是……
好动，调皮，静不下来	精力旺盛，活力充沛，有运动细胞，勤快
胆小鬼，害羞内向	小心谨慎，不会冲动行事，注意安全
固执，爱争辩	有想法，有主见，能坚持，不容易放弃
常喜欢乱搞，破坏东西，不按理出牌	有创意，有自己的想法，喜欢尝试
神经质	感觉敏锐，心思细腻
容易分心	注意面广泛，知觉敏锐
爱批评，喜欢吹毛求疵	分析一针见血，适合当个评论家
情绪化	情感丰富，热情
好管闲事	热心助人，主动热情
规律性低，难以预测	有弹性，能变通

请你想一想，日常生活中，你常用来描述孩子特质的形容词，如果是负向的，尝试把它改成正向的。如果你实在想不出来怎么改，可以和其他人讨论，别人也许可以提供不同的观点。（现代父母对孩子的称赞过于泛滥，造成很多自我感觉良好的孩子，所以对孩子的肯定一定要基于事实。）

如果你常说孩子是……	你也可以说他是……

超越比较，看到孩子的独特性

另一个影响孩子自信的原因来自于比较。人们需要通过比较来了解自己在群体中的定位，以便得到安全感，但是比较却常常是造成孩子缺乏自信心的原因。父母在养育孩子的过程中，往往不知道什么才是对孩子合理的期待，很容易掉入比较的陷阱：用同一个标准来看待不同的孩子，用大多数人认为是理想孩子的形象作为努力的目标。父母很容易拿自己的孩子和别人的孩子比较，如，"×××的英文比你厉害"、"你的轮滑比×××滑得好"。如此比较，孩子赢了就很开心、骄傲、自满，输了就很忧心、自卑，觉得自己一无是处。父母的情绪也在比较之中起伏不定，对孩子的态度也因此受到影响。俗话说"人外有人，天外有天"，不论如何比较都能找到在某方面比自己表现更好的人。如果孩子时时刻刻都在与人较量，用别人的标准来决定自己存在的价值，评判自己的好坏，那他一辈子就会像是在进行一场永无止境的追逐赛。这是多么残酷的一件事啊！

如果想超越比较，父母必须清楚自己的价值观及对人的看法，才不会受到旁人的影响。最好的方法是能够从气质的观点来看待孩子，了解每个孩子都是独特的。独特的气质、性向、能力和兴趣，是无法比较的。每个孩子都是宇宙中独一无二的生命，都有其独特及无可取代的价值。父母要引导孩子找到他自己与生俱来的独特性和优点，教会孩子认识自己，倾听自己内心的声音，找到自己的"天命"。父母如果能把这样的观点传达给孩子，孩子自然也会看到每一个人的独特性，学会欣赏别人和自己的优点，不会因为在某一个方面与别人比输了，就给自己负面的评价。

手足关系

当弟弟妹妹还在妈妈的肚子里时,哥哥姐姐看起来像是满心期待,做好了心理准备的样子。事实上,他还没有真正感受到手足竞争的威胁感。孩子常误以为弟

弟妹妹一生下来就可以陪他玩。但当弟弟妹妹真的出现，并且占据了妈妈大部分时间和注意力时，哥哥姐姐才开始发现，这个小东西不是那么有趣。

孩子之所以会彼此嫉妒，是因为每个孩子的内心深处都想独占父母的爱。面对手足竞争，父母只要坚持做到以下几个原则，孩子自然会随着年龄的增长，越来越容易相处。

1. 相信每一对兄弟姐妹都有他们自己的缘分。有的相亲相爱，有的誓不两立，有的一个愿打一个愿挨。孩子自然会在不同的关系和模式中学习和磨炼出应对的方法。父母期待孩子间永远相亲相爱是不切实际的，也不要把孩子的相处全部当作是自己的责任。兄弟姐妹之间适度的争吵，其实是学习如何解决人际冲突的一个很好机会。

2. 父母生了老二之后，常会期待老大瞬间懂事。但孩子毕竟是孩子，他不会瞬间变大。如果没有老二的话，大人就比较能把老大当小孩看待，不会有不合理的期待。所以，父母要常提醒自己，老大虽然比较大，但他也还是个小孩子。家里最小的孩子，总是被当成比较需要照顾的孩子。即使这个孩子已经长大了，还是容易对他过度保护。这一点父母也要提醒自己。

3. 接纳孩子对弟弟妹妹的情绪，但应严格规范孩子的行为。当嫉妒或愤怒的情绪出现时，父母可表达同理心和了解，分享自己小时候的经验，并且引导他说出来。但是情绪不等同于行为，对于伤害弟弟妹妹的行为要进行严格的规范。

4. 避免说出比较兄弟姐妹行为的评论。例如，"还是弟弟比较乖"，"你为什么不学学哥哥"之类的话。任何比较都会强化竞争，父母需要特别注意自己的反应方式，尤其是避免说出"因为哥哥本来就要让弟弟"，"怎么有这种姐姐，姐姐好坏"之类的话。孩子很容易选择性地注意到"哥哥"、"姐姐"、"弟弟"、"妹妹"的称谓，而觉得父母偏心。

5. 安排和孩子单独相处的时间，让小孩拥有足够的安全感及觉得自己受到了充分的重视。也可以常跟孩子说："妈妈对你的爱不会因为弟弟妹妹的出现而被分掉，因为妈妈的爱源源不绝，需要多少就有多少。"不断给孩子爱的保证，并且强调妈妈给孩子的爱是根据孩子的特质和需求量身定做的独特的爱。

6. 制造机会让孩子互相依赖或是互相帮助。当对立的两方有共同的敌人时，就会变成一国，开始合作。有时在游戏中父母可以扮演那个共同的敌人，让孩子们连手打败，帮孩子创造合作互利的机会。

7. 教会孩子和平相处的技巧，发现对方的优点，强调手足之间的好处，如游戏时的玩伴、出门在外的依靠，可以分享经验和交换情报，团结力量大等等。

摆平不同气质的孩子

手足之间的竞争是大部分有兄弟姐妹的家庭都会出现的状况。气质不同就会碰撞出不同的火花。父母要针对孩子不同的气质，调整自己的反应方式。

反应强度 vs. 反应强度弱

两个小孩的反应强度一强一弱，父母比较容易注意到反应强烈孩子的需求，而容易忽略反应温和孩子的需求。久而久之，孩子要不是心里藏着委屈不说，就是学会用大吵大闹来吸引父母的注意力。例如手足争吵的时候，不一定叫得比较大声的就是受害者，有可能是他先去欺负别人，真正的受害者反而是反应强度比较弱的那一个。

家长一定要把气质的因素加入考虑之中，才能明察秋毫，不至于误解孩子。对反应强度强的孩子的反应要记得打个五折，而对反应强度弱的孩子的反应则要加个五成，然后再来做判断。

坚持度高 vs. 坚持度低

如果两个孩子的坚持度一高一低，他们的相处就会变成坚持度高的总是在发号施令，坚持度低的总是配合顺从。虽然两个人的相处表面看来很融洽，没有争执，但是长久下来，坚持度高的孩子会认为，唯我独尊是理所当然，另一个孩子则会习惯于当个没有主见的人。

父母有时候必须介入，教导坚持度高的孩子考虑别人的立场，尊重别人的意见。同时也要训练坚持度低的孩子，不要一味顺从别人的想法，要学会表达自己。

情绪本质正向 vs. 情绪本质负向

情绪本质正向又顺从的孩子，整天开开心心又很听话，比较容易讨父母喜欢。如果家里另一个孩子情绪本质比较负向，坚持度又偏高，老是唱反调，又爱抱怨，就不容易和父母建立正向的亲子关系。久而久之，父母对待两个孩子的方式自然不同，天生气质比较负向的孩子，本来就很容易引起父母负向的情绪，若是加上敏感度高，就特别会去注意父母的差别待遇，情绪就会更加愤愤不平。

因此，父母面对气质较负向的孩子时，一定要常常提醒自己,孩子之所以如此表现,是因为他生来就带着这样的特质,他也并不想成为令人讨厌的人。很多时候,孩子的反应方式是因为天生气质而有的自然反应,并不是骂他就能够改变的。

如果父母能体会到孩子令人不悦的表情之下,也有一颗渴望被家人关爱的心,就比较能调整自己的情绪和想法,耐心等待孩子进步和改变。嫉妒的本质是自觉匮乏不足,不管外在的现实如何,嫉妒者在情绪当下,一定认为自己比较差。光是这个嫉妒的感觉,就让他很不舒服、不快乐、不喜欢自己。父母面对这样的孩子时,一定要能透视到孩子在坚强的外表下,其实有一颗比平常人还要脆弱的心,要给他们更多无条件的爱与宽容。

Q：我有两个儿子，老大三岁，老二两岁，两人经常抢玩具。家里明明有很多玩具，两人却喜欢抢对方手上的玩具，大声尖叫："这是我的！我的！"我婆婆会出面制止，但我劝她不要管，让小兄弟自己解决。但抢玩具又尖叫的戏码仍天天上演。不知道我的做法正不正确？

A：学龄前孩子自我中心是正常的现象，因为他们只会从自己的立场看事情，希望一切都能符合自己的需求。如果不能如愿，就会生气争吵。手足之间争抢玩具时，大人应该尽量不要介入，否则很容易卷进纷争之中，被要求当仲裁者，选边站。结果，总有人觉得不公平。大人介入不但会让孩子养成哭闹告状的习惯，也错过了让孩子学习自行解决纷争的机会。

如果是四五岁左右的孩子，大人可以说："我看到你们两个都很生气，两个人都想玩同一个玩具。哥哥你想玩这个，因为是你先拿到的，弟弟你也想玩，这个问题真的很困难，但我相信你们可以想出解决方法。需要我帮忙的话，再告诉我。"然后就离开。

若是两个两三岁的小孩，他们一点解决方法的概念都没有，只会对彼此尖叫。这时，父母还是要协助他们解决。可以找兄弟两人一起商量解决的方法："我们三个好好讨论一下，如果一人正在玩，另一个人也想玩的时候，我们要订个什么规矩。"这时大人可以提供策略，例如猜拳或扔硬币决定谁先玩，或是先拿到的人可以先玩，另一个人想要玩时，必须提出要求，在一旁等待数到十，再换他玩。让孩子练习做做看，确定他们已经学会时大人就可离开。

但如果小孩已经打到不可开交，甚至危及彼此的安全，这时大人就一定要介入。"我看到两个很生气的小孩想要互相伤害对方，这样太危险了，你们需要分开来冷静一下。"此时，介入的目的是要帮助孩子解决他们不能解决的问题。

Q：我们是个大家庭，小叔有对儿女，女儿六岁，儿子三岁多，大我女儿两个月。由于共享活动空间，两家孩子时常吵架。有时为了抢一件玩具，我女儿会被小叔的儿子打，小姐姐也帮着弟弟一起抢……在这样的情况下，我只能把哭泣的女儿带离现场，开导她。同样的事情一再上演，我该如何处理类似纷争？且不至于让小叔觉得愧疚？或是我该如何开导我的小孩，让她不至于认为我在袒护哥哥姐姐？

A：在大家庭生活需要许多忍耐与妥协。看到孩子们因为空间有限为玩具争吵或被欺负，大人心里会感到不舍与不平。但是换个角度看，大家庭的优点也无可取代，孩子从小有许多与同辈人相处的经验，对他们以后处理人际关系有很大的帮助。

三岁多的孩子还处在自我中心的阶段，加上语言能力的限制，抢玩具和哭闹争吵是经常发生的事。即使是亲兄弟，在一起玩也会吵架。在这个阶段，每个孩子都需要大人从旁协助和引导，帮助他们逐步发展出比较成熟的人际能力，练习用语言表达需求、沟通想法和意见，学会分享、轮流、协商及妥协。所以，虽然三个孩子来自两个不同的家庭，但只要在一起玩，就必须遵守大家制定的互动规则，不可偏袒任何一方。

不妨由两位妈妈带着三个孩子一起开个讨论会，制定公共区域的游戏规范，避免争吵和抢玩具的事情一再发生。例如，如果别人在玩的玩具，你也想要玩，必须先询问对方；等对方不玩了，才能换你玩。如果两个人同时想玩一个玩具，可以用猜拳的方式决定谁先玩，用定时器决定可以玩多久。

当孩子发生冲突时，回归到大家一起制定的规则来讨论对错，就不至于让孩子觉得大人在偏袒谁，或是某个孩子总是霸道，某个孩子总是委曲求全。大人之间也不会因为孩子的争吵而心生芥蒂。

这就好像孩子进入幼儿园，老师都会告诉孩子明确的团体生活规范，但老师每天还是必须处理孩子之间的争吵，并且通过这个过程，教孩子学会用语言沟通取代哭闹和打架。孩子并不会一下子就变得彬彬有礼、相亲相爱，但在一次又一次的学习过程中，自然会逐渐进步，享受一起玩耍的乐趣。

交朋友

孩子的第一个人际关系是和主要照顾者之间的关系。若是彼此之间建立起一种安全稳定的信任关系,对孩子一生的人际关系都有长远的影响。

孩子三岁之前,不要经常更换主要照顾者,例如一再更换保姆,或是因为家庭因素,如夫妻关系不睦等,让孩子在不同的照顾者之间轮转。孩子和某个人的依附关系建立之后又被迫分离,重新开始与另一个人建立依附关系,长久下来,他就会觉得大人是不可以信赖的,每个人和他的关系都是短暂的,因为过不多久他们就会遗弃他。

孩子固定白天由保姆照顾,晚上由妈妈照顾,或者有些双职工家庭,父母都很忙碌,迫于无奈,只好把孩子交给祖父母带,周末再回去看他。这样形成一个稳定的结构都很好。后一种情况下,孩子虽然不能经常在父母身边,但只要固定每隔一段时间就能有一段质量良好的亲子相处时光,孩子一样能发展出对祖父母

及父母双方稳固的依附关系。

不过，孩子三岁左右上幼儿园时，最好把他接回父母身边照顾。如果上小学时才要孩子离开祖父母回到自己的家，这时孩子必须面对和祖父母分离，重新适应和父母的生活，通常会影响和父母之间亲密感的建立。

如果孩子从小和主要照顾者之间有一个良好、稳定、安全的依附关系，会在心里建立对人际关系的正向期待，愿意相信别人，乐于和别人互动及建立关系。在进入幼儿园后，会表现出较高的合作性，对人比较友善，较有能力化解冲突。

一岁的孩子就会对其他孩子有兴趣，想和其他人互动。两三岁左右，孩子的语言能力逐渐发展，开始有能力和别人建立关系。虽然亲子之间良好的关系奠定了孩子的基本信任感，但孩子很难从大人那儿学到人际技巧。因为大人和小孩互动时，多半会考虑到孩子的发展阶段，调整自己的反应反式。孩子的人际技巧必须从和孩子之间的互动经验中来学习。在日常生活中，通过和其他孩子的互动，他们有机会看到自己行为的后果。经过尝试错误，他们会发现哪些方法行得通，哪些方法不管用。这些经由自己的经验学到的方法，慢慢就会累积成孩子的人际能力。

因此，孩子在满三岁时应进入幼儿园的团体生活。一个很重要的目的，就是为了让孩子学习如何结交朋友，如何和别人一起玩。孩子在每天的生活中，通过这些看似不起眼的游戏过程，学习分享、轮流、沟通、妥协、合作等点点滴滴，人际关系的基本能力就会得到慢慢培养。

幼儿人际关系的发展阶段

一到两岁的婴儿期

一两岁的幼儿大部分时间都和主要照顾者在一起。如果主要照顾者能够适时使孩子的生理需求及情感需求得到满足，其与孩子之间的互动关系是温暖愉快的，孩子就能在大脑中建立起正向的回路。

不过，婴幼儿的气质会影响身边的大人对待他的态度以及互动的模式。人们总是会花较多时间和注意力在比较友善的孩子身上。个性随和、爱笑的孩子经常有人抱，有人逗他玩，这是人之常情。

但是，不是每个孩子的气质都是这么甜美。有的孩子天生就比较敏感、焦虑、爱哭闹，或严肃、不爱笑、有个性、脾气暴躁、独立、爱唱反调或是害羞。这样的孩子，大人在面对他时往往得不到正向的回馈，时常感到精疲力竭，失去耐性，甚至会被他激怒，给他难看的脸色，以致造成过度处罚。

因此，天生气质较难相处的孩子，从婴幼儿时期开始，就容易让父母伤脑筋。如果父母不够有自觉的意识，就很难和这样的孩子建立起正向的关系。这些负面的反应，更加深了孩子的不信任感，甚至形成恶性循环。

所以，这时照顾他的大人必须更有耐心，更能自我觉察，了解那些让人不舒服的反应是孩子的气质使然，他并非故意使坏，孩子自己也不想变成不讨人喜欢的小孩。有了这些觉察和了解，才能维持稳定情绪，持续对孩子付出同样的关心，从而建立起孩子对大人正向的依附关系。

两到三岁的幼儿期

这个时期的幼儿会彼此吸引，但缺乏一起游戏的社交技巧，一起玩耍和分享时常会发生问题。这主要是因为他们心中的幼儿主权原则："一、我看到的就是我的。二、如果是你的，但我想要，就是我的。三、我的，永远就是我的。"幼儿在两岁这个阶段正在发展自我意识，因此出现这种自我中心的表现方式是很正常的。

这个年龄段的孩子只能够设想自己的观点,却无法了解别人的感觉。因此,分享的观念对他们来说很难理解。尤其是两岁多的幼儿特别喜欢抢哥哥姐姐手上的玩具,常常让人觉得不可理喻。其实那里面包含了对哥哥姐姐的崇拜,以及想要模仿的心理动机。

这个时期处理孩子人际冲突的方法,除了尽量设法隔开两个还无法讲道理的孩子之外,就是教比较大的孩子理解这个阶段的弟弟妹妹就是如此不讲道理,只能用转移注意力或哄骗的方式来和他相处。有些人际能力很好的哥哥姐姐,能够利用弟弟妹妹的崇拜之情,把一两岁的弟弟妹妹管教得服服帖帖,让他变成过家家游戏中的活道具、小配角。

三到六岁的学龄前期

还好,孩子很快就会度过可怕的两岁,进入可以开始讲道理、学习分享与轮流的三岁。三到六岁之间有很多重要的社会技巧开始发展。这些技巧包括:如何自我控制,如何停止生气,如何表达自己的需求,如何适当维护自己的权益,如何在冲突中妥协等等。学龄前是孩子大量学习情绪调节与人际能力的时期,大脑也在这个阶段逐渐形成稳定的刺激反应回路。经过这几年的人际经验，大部分的孩子都能学会分享、轮流、交换、合作、帮助别人、协商妥协、安慰等有利于人际关系的社交技巧。

这个时期，两个人玩时通常情况最好。但三四岁的孩子比较难在同一时间内处理一种以上的关系。因此有时候孩子会粗鲁地排斥第三个孩子加入，或是直接拒绝别人，他们只是很单纯地想保护两个人建立的游戏。这一时期的孩子还无法考虑到别人的心情和感受。

所以，两个小孩排斥另一个并不奇怪。稍后，他们会换搭档，重新组合，欢迎被排斥的孩子加入一项新的游戏或活动。当看到自己的孩子排斥第三者时，你可以教导他如何亲切地处理社交关系，建议他这样跟别人说："我现在只想跟小华玩，等一下如果有时间我再跟你玩。"

如果你的孩子是被排斥的那一个，这时候承认孩子的感受是很重要的。尤其是当他因为这个情况而伤心或生气时，你不要否定他的感受，或指责他为什么有这些感受。你可以帮孩子解决问题，例如让他邀另一个孩子来玩，或找一些有趣的事情独自玩耍。

孩子要求别人陪他玩，但对方拒绝时，他可能会生气或强迫对方一定要陪他玩。这时，可以教他问题解决的技巧。可以教小孩这样说："如果你陪我玩，下次我也会陪你玩。"也可以让孩子对自己说："虽然我现在很想玩，但必须等别人有空才能陪我玩。""我要找两个人都想玩的游戏，别人才会想跟我玩。"

这个阶段的孩子对自己的东西具有占有欲，要经过学习才懂得分享；以自我为中心，需要学习如何与别人一起玩乐和互动；没有耐性，必须教会他们如何等待；专注在自己的世界里，需要学习体谅他人的感受；没有礼貌，必须教他们应对进退；对情境的转换有困难，需要事先预告及心理准备；容易玩疯，进入忘我失控的状态，需要及时提醒；听不见别人说话，需要帮助他平静下来。

这个时期，孩子之间最常见的争吵就是对所有物的冲突。你可以向孩子解释，如果他们愿意与别人分享玩具，才可以将玩具带到朋友家或幼儿园。当别的小朋友来自己家里玩时，可以让孩子挑出一些禁止碰触的特别玩具，慎重收好，以免因小朋友要玩而引起冲突，这也让孩子觉得他对自己的所有物有控制的权力。

不过，孩子对玩具的争夺及随之而来的激烈争执也有它的好处，可以让孩子学会如何处理人与人之间的冲突。随着年龄增加，孩子学习及练习这些技巧的能力也会增长。不过，你可以从孩子学步期开始就慢慢灌输分享、合作等观念，帮助孩子对解决冲突有一个正向的态度。

当孩子因冲突无法如愿时，父母承认并描述小孩的愤怒或失望对他们很有帮助。如，"有人拿走你的娃娃，你气疯了"，"你现在没办法得到那个球，你很失望"。学龄前的孩子需要学习如何用情绪词汇表达他们的感觉。让孩子知道有情绪是可以的，但是用某些方式来表达情绪是不被允许的。如，"你可以生气，但不可以打人"，"生气可以，但不能大吼大叫"。可提供其他更适合表达情绪的方式让孩子参考，例如可以让孩子大声说"我快要爆炸了"。当孩子用适当的方式处理情绪时，应该给予肯定和鼓励。

当冲突产生时，要帮助孩子找出问题是什么，鼓励他说出自己的看法。孩子往往都是从自己片面的角度来解读问题情境，如"他抢我的玩具"。这时父母可以帮助孩子看到他自己也是造成问题的原因之一。"你想要玩这个，他也想要玩这个，两个人想玩同一个东西，真伤脑筋。"把问题或冲突重新定义为双方共有的问题。请他用自己的话再重述一次问题，来确定孩子了解目前的冲突是什么。然后，介绍轮流的观念，讨论解决问题的方法，例如以猜拳决定先后次序，或是用时钟或定时器计算轮流的时间，或是在一旁从1数到20帮助自己耐心等待，或是先转移注意力去玩其他玩具,等一下再回头来玩,或是拿另一个玩具来交换等等。

　　当冲突演变为肉搏战时,要立即制止。让违规者知道"不可以打架"、"不应该因为生气就打别人"。然后,用同理心安慰受害者。孩子不一定会立刻学会轮流和协商的技巧,但是在语言的表达和理解能力都渐趋成熟时,开始教他们这些方法却是应该的。

教孩子如何解决人际冲突

孩子之间的冲突常常会导致暴力行为的产生。掌握重要的技巧才能成功解决冲突,帮助孩子处理情绪,控制冲动,和同龄人和平相处。

1. 在冲突发生时,先冷静下来,告诉自己,情绪平静后再讨论解决的方法。

2. 两个人一起化解冲突,并尊重彼此的意见,不可辱骂或奚落对方。

3. 每个人都可以表达自己的想法(希望得到什么和这么做的理由),然后再请对方陈述想法。

4. 协商的目的是创造双赢的局面。每个人一起提出几个折中方案,一起讨论。

5. 评估每个方案,一起找到每个人都满意的结果。

6. 将最好的解决方案付诸实施。

一开始需要由成人来引导孩子练习解决冲突的技巧和过程。慢慢地,孩子自己就能扮演和事佬,出面排解小朋友之间的冲突,而且效果通常比大人更好。九岁或十岁的孩子就可以接受训练,成为有效的调解人。许多研究发现,以前情绪控制不佳、常常与人争执的孩子也可以变成表现极为称职的调解人,而且担任和事佬的新角色后,他们的行为也会大大改善。

学会面对输赢

另一个在发展上常见的现象是，孩子到五六岁时，开始喜欢竞赛，如各种棋类游戏或益智游戏等等。这时候，孩子必须学会如何面对输赢。

有些孩子在这个阶段，完全无法接受自己是输家。但在比赛中必定有输家，要让孩子了解到，如果要玩就有可能会输。可以降低胜负的重要性，而强调公平竞争精神的重要与游戏过程的乐趣，例如遵守游戏规则，轮流玩，为其他人加油，快乐欢笑，都比获胜更重要。尽量选择速战速决的游戏（例如井字游戏），因为几分钟就可以重新开始一局，孩子的获胜机会多，也有更多机会学习以平常心看待失败。如果输了，只要重新再开始一局，就有可能会赢。父母不要一直称赞孩子聪明，强化他对获胜的执着，而是应该告诉孩子，获胜虽然很了不起，但是能心平气和接受失败的人，才是真正厉害的人。

父母和孩子一起竞赛时，可以示范一下自我叮咛的效用。父母可以当着小孩的面，自言自语地说："我得先好好想一想，再决定怎么做。""虽然比赛输了，但是我很有风度，没有生气，还为你高兴，我觉得自己好厉害。"

不同气质的孩子如何与同伴相处

孩子因为气质的不同,在学习和别人相处过程中,会面临不同的挑战。父母必须针对孩子的特质,做不同的安排和协助,让每一个孩子都能通过一次又一次的练习和调整,渐入佳境,享受和朋友相处的乐趣。

活动量大的孩子

好动的孩子很容易进入人来疯的状态,因此适合他们的小团体最好不是整个都是好动孩子的团体。常常只要两个好动的孩子在一起,就能把整个团体吵得鸡犬不宁,争执不断。所以多安排几位安静、稳定的孩子一起玩,可以借由团体的安定力,让好动的孩子稳定自己。

好动的孩子比较缺乏约束力和控制力,所以要预先防范孩子可能的失控。父母要提供孩子外在的约束力,例如在游戏之前约法三章,如果和其他孩子吵架了,就表示需要休息一下。好动孩子的父母必须要维持注意力在孩子身上,适时提醒他自我节制,提供活动转换或结构化的游戏,来帮助孩子维持在自我控制的状态里。

当孩子太疯狂时,要适度提醒他休息,每隔一段时间,要让他平静一下。带孩子去别人家玩,准备回家之前,先逐步缓和孩子的情绪,再带孩子回家,以免孩子正在兴头上,大哭大闹不肯离开。

活动量大的孩子喜欢用身体说话。看到喜欢的人,不管三七二十一就会冲过去抱住人家。有时候因为动作较大,游戏的方式也比较粗鲁而让别人有点畏惧。孩子因为无聊又闲不下来,会一直逗弄别人,如给人搔痒,拉拉别人的头发,捏别人的脸。他以为这是一个好玩的方式,但是却让同伴很不舒服。孩子常常不知道人际界线在哪里,会很突兀地介入一个团体,或侵犯别人的个人空间而不自知。父母最好能观察他和同伴相处的方式,然后和他讨论,告诉他哪些行为已经侵犯了别人,让别人不舒服,别人的哪些反应和表情已经表示他不高兴了。和孩子一起讨论、学习别人也能接受的互动方式,并且提醒他要注意保持距离,先想一想后再行动。

情绪反应强的孩子

情绪反应强的孩子常会因为小事情反应强烈,容易成为同伴逗弄的对象。有些小朋友看到情绪反应强的人,就想逗弄他,喜欢看他被惹得火冒三丈的样子。被逗弄的孩子也因此容易在情绪失控下出现攻击行为。这不但影响孩子的人际关系，还让自己常常成为老师责骂的对象。

父母要帮助孩子学习控制情绪，找到平静自己的方法。首先要先学会觉察情境线索，辨识出那些容易引发他情绪失控的对象，尽量减少和他们在一起互动的时间。家长要尽量安排一些可以和孩子和谐相处的同伴和孩子一起玩乐，让正向的互动模式变成一种习惯。

接下来，可以和孩子讨论，当自己被激怒时，会出现什么样的感觉征兆，提升孩子对自己情绪转变的敏感度。等到孩子学会觉察自己的愤怒线索之后，也可以一起讨论处理方法。如孩子可以在觉察到情绪爆炸的警示信号时，立刻离开现场；在心里从1数到20，帮助自己平静；学习把激怒他的同伴想象成一只好笑的恐龙，就不会受他影响而生气，然后静静观察对方的泄气反应。孩子原本是被逗弄的受害者，如果能转而将注意力放在观察对方的表情和动作上，反被动为主动，那种被激怒的感觉就会消散。

主动好奇的孩子

孩子长大之后，父母要特别留心同龄人的影响。好奇心重的孩子比较容易因为追求新鲜和刺激而尝试新的事物。如果孩子交了坏朋友，会引诱他去尝试不良的嗜好或违法的事情，例如抽烟、喝酒、使用禁药或犯罪。

有些好奇的孩子到了别人家里，忍不住四处碰触，什么东西都想碰一碰，玩一玩，把别人的东西当做自己的东西，人我的界线不清楚，这是需要父母教导提醒的。如果一味顺着孩子的好奇心，就会使孩子眼中只有自己，不懂得尊重别人。

害羞退缩的孩子

害羞退缩的孩子在交朋友时，容易感到紧张焦虑。如果要他同时面对很多小朋友，他就会不知所措。所以，最好先从和一个小朋友的互动开始，等孩子熟悉自在之后，再慢慢增加新的朋友。

如果孩子比较害羞，再加上反应强度太弱，常常会在团体中被忽略。可能一个学期下来都没有交到朋友，同学也不知道班上有这位同学存在。孩子习惯一个人玩，久而久之，更不知道如何结交朋友。父母一定要重视这个问题，从旁协助孩子，学习交朋友的方法和技巧。

有时候孩子交不到朋友的原因是，因为没有可以和别人聊天的共同话题。有些家长会禁止孩子看电视、看卡通、玩电脑、看漫画，结果其他小朋友在讨论的话题，孩子都听不懂，也插不上嘴，会显得和别人格格不入。因此，家长很有必要适度开放，让孩子不落后潮流。

有些孩子可以自然地从和朋友的互动中学会社交技巧，有些孩子则可能需要额外教导。如果孩子不知道如何和陌生小朋友打招呼、开始交谈，或是不知道如何加入别人的游戏，家长要示范给他，教给他认识新朋友的技巧。

因为受到大众媒体的影响，人们常有一种错误的看法，认为所谓良好的人际关系就是朋友交得越多越好，一定要成为团体中的风云人物才算成功。其实，每个孩子的特质不同，人际模式也不同。有的人外向开朗，喜欢交很多朋友，有的孩子个性内向，如果维持一两个稳定的友伴关系，就是最合适的方式。这两种方式都很好，重要的是他的心里是不是感到满足。

如何加入团体一起玩

人缘好的孩子加入团体时，一开始只在团体旁自己玩。时机来的时候，他们会先开口问些问题，并提出看法来探路。例如，他们会说："这个游戏看起来很好玩。""你是怎么学会的？""你们正在盖一座房子吗？"他们和其他孩子的对话，大多朝向能够互相聊起来的话题，语调一般来说也比较正向。有的孩子会在对话时，边说边加入他们的游戏。

社交不良的孩子在和别人接触时，则采取自我中心的干扰行为。他们会说："我早就知道怎么玩这个游戏了。""我做得比你还好。"他们可能会破坏游戏规则，提出意见，嘲笑别人，甚至强迫别人配合他的游戏。这是他们进入团体的方式，但很难被其他孩子接受。

可以这样教孩子：

1. 先在一旁观察别人在玩什么。

2. 听听他们的对话内容，在谈些什么，用什么方式交谈。

3. 准备好决定要加入之后,你可以说"我可以和你们一起玩吗",或一起讨论正在进行的活动,自然融入团体活动。

4. 如果他们说"不可以,我们人数已经够了",你也不要难过。他们拒绝你,不是因为他们不喜欢你,纯粹是根据当时的情况做出的反应。下一次他们可能会欢迎你一起玩。

适应度高的孩子

适应度高的孩子容易被朋友左右,所以家长要帮助他慎重选择朋友。如果常在一起玩的孩子背景都很相近,家长就不必太担心。这种类型的孩子很容易听从别人的意见,跟着别人走,因此要多和孩子聊聊他和朋友相处的情形,以免孩子被心机重的朋友利用,自己却不知道。

情绪本质负向的孩子

爱笑的人比较容易交朋友,严肃的人让人不太敢接近。很多友谊都是从相互的微笑和友善的眼神开始的。所以,如果孩子的情绪本质偏于负向,很少有笑容,可能在结交朋友上会比较吃亏。家长可以帮他想想办法。例如让他带些小饼干去学校请同学吃,或是利用假日约朋友来家里玩。通过这些安排让孩子学会主动对别人表示友善。愿意助人和分享是交朋友的秘密武器。

此外,在加入别人的游戏时,要先接纳别人的玩法,才能自然融入。情绪本质负向的改革家经常会有更好的想法,想要去改变别人的玩法。这种革命性的意见,最好不要在刚加入团体时就提出来,以免遭到别人的排斥。最好是等自己成功被接纳,成为团体的一员之后，再提出改革的方案，这样比较容易被团体接受。

即使孩子只有四五岁，如果他常常以幽默的方式逗其他孩子开心，或懂得欣赏别人的幽默，人际关系也会比较好。风趣幽默是获得和保持友谊的重要条件之一，适时培养孩子的幽默感对孩子的人生也会大有助益。

坚持度高的孩子

坚持度高的孩子在和同伴相处时，容易坚持己见，不容易接受别人的意见和看法，认为只有自己的想法才是最好的。在团体中喜欢当老大，希望别人都听他的。如果他的大部分意见都经过深思熟虑，也的确能够被大家接受，他也可能在大家都没有意见的团体里成为领导者。但如果孩子的意见总是与别人相左，却又总是固执己见，久而久之，大家就不会想和他一起玩了。

坚持度高的孩子一定要学会"协商"的技巧，提出自己的看法，也听听别人的意见，尽量想出能够两全其美的解决方法。要学会如何在冲突的情况下，和对方一起想出两个人都能满意的解决方法。

人际过度敏感的孩子

适当的人际敏感度有助于人际关系的发展。因为人与人互动的过程中，除了语言的沟通之外，还有大量的非语言沟通。善于察言观色的人，不会漏掉别人的表情、姿势、动作和语气所传达出来的信息，所以能够更精准地抓住别人的感觉和想法，让互动和沟通进行得更加顺利。

不过，如果敏感过头，就会造成人际困扰。有些人容易疑神疑鬼，过度解释无意义的行为，认为别人一定是故意要对自己不利。把无心的行为解释成故意的，会造成自己莫大的心理负担，让自己时时处在防御和警觉的状态。久而久之，别人也会觉得他的反应很奇怪，不想和他太接近，结果更支持他的怀疑和假设。其实，一切都是从自己过度敏感的想法开始的。

因此，如果孩子太敏感，要帮助他看清事情的真相，学习从正向的角度解释别人的行为，这样才能带来良性循环。有时候事实和个人的解释落差很大，下结论之前，一定要先把事实弄清楚。

过度敏感的孩子，常常和自己心中的假想敌作战。把自己的焦虑投射在别人身上，认为是别人不喜欢自己。通常这样的孩子不能接纳内在的攻击性，不敢表达心中的怒气，觉得别人都在欺负自己。这些孩子需要学会自我肯定的表达，把内在的愤怒以适当的方式表达出来，并且学会澄清事实，了解别人真正的想法。

Q：为什么两岁女儿只喜欢和同性别的孩子相处？长大后会有性向问题吗？

A：两岁的女孩倾向于只和其他女孩子玩是成长中的正常现象。孩子大约从两岁开始建立性别认同的概念，知道自己是女孩还是男孩，并且开始出现典型的属于自己性别的行为模式。这个性别上的差异会反应在友伴的选择、玩具及游戏方式的不同偏好上。小女孩在游戏或进行社会互动的时候，会慢慢开始呈现出一种安静的、利他的、合作的行为模式；而小男孩则是偏好于一种独断的、打闹的、粗犷的游戏形态。这两类社会互动模式基本上很难兼容共存。所以，女孩和男孩在一起玩，会逐渐感到格格不入，同时也会有不愉快及无力的感受，因此最后就会避免和男孩玩在一起。

所以不论男孩或女孩，都会偏好和同性别的伙伴在一起玩。这个现象会一直持续到小学阶段，而且还会变本加厉，彼此嘲笑及不屑。女生的伙伴关系比较亲密、稳定，彼此信任及忠诚；男生则比较倾向于和一大群人在一起，从事特定的活动或游戏。

但是这种性别隔离现象也会出现例外。有些好动、喜欢冒险，具有男孩特质的女孩，会自在地融入一堆男孩子当中。也有些特质温和文静的男孩，喜欢和女孩一起玩过家家。通过行为的观察，可以让我们更了解孩子与生俱来的特质倾向。

直到孩子到小学四五年级，准备进入青春期时，才会开始对异性有浪漫情怀或性方面的兴趣。这种性别隔离的现象，也开始慢慢变得不再那么泾渭分明。到了这个阶段，我们再从旁观察，孩子心动的对象是同性还是异性，再来判断孩子的性取向。

所以，在青春期前，孩子和同性朋友之间的亲密友谊都是正常现象，父母不必联想过度。

孩子的攻击行为

攻击行为可以分为主动攻击和被动攻击。主动攻击指的是，为了达到对自己有利的目的，经常打架、嘲弄或咆哮等；被动攻击指的是，针对别人的攻击所做的自我防卫。

当小孩需要保卫自己的物品、权益时，就会出现这种行为。他们会尝试以身体的暴力（打、咬、踢、推、丢东西、吐口水）或口头上的攻击（骂人、嘲弄、说脏话、争辩、威胁）来达到支配同伴的目的。攻击性强的小孩，往往也相当以自我为中心，冲动、易怒、不成熟，也不会表达情绪，往往也难以接受挫折及别人的批评。

如果孩子的攻击行为可以得到"为所欲为"或"自己是有力量的"等奖励性结果，那么，他的攻击行为为他带来了好处，这会增强攻击的行为。父母的管教态度松散，过分纵容小孩，给孩子太多的自由，或对子女的态度充满敌意，严厉体罚孩子，都会使孩子养成缺乏自我控制的攻击性。

　　父母可让孩子想想,哪些事情容易引起争斗,以及哪些方法可以预防冲突的发生。从小灌输尊重别人的观念,没有得到别人的同意,不能随意"借"别人的东西。说话缺乏技巧的孩子,容易以身体的力量来表示自己的能力,父母可以经常陪孩子说话。父母可以对攻击行为定出家规,用暂时停止法惩罚。或是如果他打了别人,要用打人的那只手,为对方挨打的部位按摩一下。如果孩子不肯,父母可以用自己的手带着他的手去做。要让孩子学会为自己的攻击行为承担后果。因为孩子的模仿能力是不可预知的,所以要避免让孩子接触暴力血腥的影片或游戏。

准备入园（学）

孩子第一次入园（学）对每个家庭来说都是一件大事，如果想让孩子顺利入园（学），一定要做好事前的准备。

父母自己本身对孩子即将进入幼儿园（上学）抱着什么样的心情，会深深影响孩子的想法和感受。如果父母对于孩子入园（学）充满了喜悦和期待，对新的学习环境有信任感，相信孩子有能力离开自己并且能够适应新的生活，孩子也会受到感染，觉得进入幼儿园（上学）是一件开心的事。相反，如果父母焦虑不安，不舍得孩子离开身边，或是不信任幼儿园（学校），不相信孩子应对外面世界的能力，孩子也会感染父母的焦虑，对新的环境不信任。

现在的孩子很大一部分是独生子女，但父母仍要学会放手，要舍得让孩子在自己的视线范围之外接受磨炼，这样孩子才能学会独立自主解决问题。父母做得少，孩子自己的能力才会提高。父母不要放任不管，但也不要过度干涉,才能给孩子成长的机会。父母还要学会耐心等待,不要着急或期待一下子孩子就会长大。孩子的成长是一天一天积累的结果,常常需要一段时间才会看到明显的不同。

其实,培养乐观独立的孩子,比单单培养一个功课好的孩子更重要。这样性格的孩子到哪里都能随遇而安,对人、对环境都能很快很好地适应,人生的道路也会走得更顺畅。

证严法师说过,如果父母常常担心孩子,孩子的福气会被父母担心掉了,形成"无意识的诅咒";如果

父母希望孩子有福气，就要多多祝福孩子，而不是担心孩子。一件事情如果你用很大的"念力"去相信它，它就会如你所相信的去"实现"。一个妈妈如果相信她的孩子有能力面对他自己的生活困境与难题，这个相信就是一个"祝福"，孩子也会因这样的祝福而蒙福。

相反，如果一个母亲老是"觉得"孩子不懂事，不会照顾自己，一定会吃亏上当，那么这个"担心"很可能就成了"诅咒"，以后孩子可能就会如之前所担心的那样，老是出状况。

帮助孩子适应幼儿园（学校）生活

幼儿园的选择

首先是对幼儿园的选择。除了考虑公办、民办或双语等之外，更重要的是要考虑幼儿园的大小、结构性、人数多寡等因素，以及教室的气氛、老师和孩子之间是不是能够相互配合（因为老师也有自己的气质）。对别的小孩适合的老师和你的孩子相处起来，可能会格格不入。所以，在选择适合的幼儿园时，要考虑自己孩子的个别差异。

活动量大的孩子需要比较大的空间。如果二三十个小朋友挤在一个小小的教室，孩子肯定会常常和人起冲突，或因为活动量被限制而闹情绪。如果幼儿园能有一个自然开放的空间，活动量大的孩子就会有比较快乐的童年。家长可以在参观幼儿园时，用心观察那些活动量大的孩子静不下来时，老师们的反应。如果老师们对于孩子的活动量能够做适当的引导和接纳，一样真心喜爱他们，不会对他们的四处游走感到生气和不耐烦，那么这就是一个比较适合活动量大的孩子成长的环境。相反，如果老师对秩序和一致性要求比较高，好动的孩子经常会受到老师的斥责和处罚，在这样的环境中成长，孩子肯定不愉快。

规律性高、适应度低的孩子，适合结构性高、稳定性高的幼儿园。最好每天的作息时间比较规律，可预测性高，老师最好也不要常常变动，这样孩子才不需要经常适应新的对象。老师最好在课程转换之间有预告的习惯，让适应度低的孩子有时间做心理上的准备和调适。

入园前的暖身

选定幼儿园之后，可以带孩子去参观、试读。一开始可以利用幼儿园下课的时间，带孩子到幼儿园里面参观、玩耍。几次之后，就可以开始和孩子沟通入园的问题，让孩子进行心理上的准备。

家长也可以利用参观的机会，了解幼儿园的教育理念和自己的是否相合，以及幼儿园的课程和一天的作息规律，让孩子在入园前做一些预习。同时，也可以和老师沟通孩子的气质，特别是那些有明显气质倾向的孩子，更要让老师对孩子的特质有更多的了解。这样，当老师和孩子相处时，才比较能够依照孩子的特质做出适当的处置。

入园当天

入园的当天，常常是幼儿园老师压力最大的日子。面对一群初次离开父母要适应团体生活的小宝贝，必须要能了解和掌握每个孩子的状况。常见的场景如，有的孩子放声大哭，别的孩子被哭声感染，也跟着哭了起来，有的孩子和父母拉拉扯扯不肯进教室。老师一方面要处理自己的焦虑，还要忙着安抚孩子和父母的情绪。这时候，就可以观察到不同气质的孩子不同的反应。

主动好奇的孩子

主动好奇的孩子在入园的第一天通常都不会害怕，因为看到新的教室和五花八门的玩具，只想赶快冲进去玩一玩。不过家长不要以为孩子完全不会出现适应的问题。很多主动好奇的孩子，在入园一个星期之后，才开始抱怨不想上幼儿园。因为孩子一开始只是被新鲜的玩具吸引，新鲜感过去之后，真正的适应才开始。孩子其实也需要一段时间才能慢慢熟悉和适应新的环境，并和老师建立互信的关系。由于主动好奇的孩子喜欢新鲜的刺激和环境，所以他们通常在适应新的学习环境时，很少出现分离焦虑，反而是充满期待。但是当情境开始重复，不再那么新鲜时，他们也比较容易抱怨无聊。

害羞退缩的孩子

害羞退缩的孩子入园时需要做更多的准备。"让他哭着上幼儿园，哭一两个星期，顶多哭一个月，就不会哭了。"其实，并不是只能这样。如果你知道孩子的气质是害羞退缩型的，最好在入园之前，能多带他去幼儿园玩，熟悉环境。入园之前，和他说明上幼儿园是怎么回事，在幼儿园一天的作息流程，以及可能会发生的事情，让他有心理准备。入园的第一天，提早到园，让他有时间观察和熟悉环境，也使孩子的情绪得到平静。最好能陪伴他在园里待半天，不要突然把他丢在陌生的地方就离开。妈妈可以坐在孩子看得见的角落，让孩子知道这个环境是安全的。如果他想找妈妈，随时都找得到。孩子在充满安全感的情况下，会比较有兴趣认识新老师和新朋友，融入新的团体生活。等到孩子熟悉新环境、建立安全感之后，再让他独立上幼儿园，就不太会出现那种和父母好像生离死别、哭得撕心裂肺的情形。

如果孩子有哥哥姐姐或朋友在同一个幼儿园，情况会更好。孩子担心害怕时，会觉得至少有一个熟悉的人在身边。如果没有哥哥姐姐或朋友同园，让孩子带一个自己最喜欢的玩具或娃娃在身边，当成妈妈的替代品，也是增加安全感的好方法。

进入小学

相信孩子在父母用心的陪伴之下，到了进入小学的阶段，一定已经比较有能力面对陌生的环境了。不过，父母还是不要忘记孩子天生害羞退缩的本质，一样要做好事前的准备，协助孩子降低焦虑感。上学之前的那个暑假，可常带孩子到学校走一走，熟悉环境，了解校园内的设施和结构，包括教室和厕所的位置，游乐设施、公共电话和老师办公室的位置等等，这些都能增加孩子的安全感。

进入小学之后，父母最好能尽量抽空参加孩子学校举办的活动。例如，担任班级的爱心妈妈、爱心爸爸；利用早自习到班上讲故事；在孩子户外教学时一起参与；协助老师照顾小朋友等。通过参与学校生活的机会，可以从旁观察孩子在学校适应的情形、和同学相处的情况，也可以和老师沟通孩子的情况，讨论如何帮助孩子适应学校的生活。

小学并非幼儿园的延伸。小学的校园很大，上课的环境比较结构化。小学不像幼儿园有老师时时在旁协助，孩子必须学会独立处理自己的问题。因此，小学一年级的新生，要面临很多挑战。首先是适应结构化的学习环境。孩子必须了解上下课的节奏，在下课时要去上厕所，做好上课的准备。上课时不能随意走动。其次是有规律的生活作息：早睡、早起、吃早餐。小学的上学时间比幼儿园早，要让孩子提早养成学习生活的作息习惯，早上起床才不会有赖床的问题。若有晚睡习惯，也要慢慢调整过来。早上起来不赖床，吃早餐时间比较从容，早上也比较不会焦虑、哭闹。

然后是生活自理的能力。养成每天晚上自己收拾整理玩具和书包的习惯，是独立的第一步。父母可以先示范，再请孩子照着做。一段时间后，请孩子自己做，父母检查提醒，最后让他自己承担后果。孩子在学校放学时，也要学会整理书包，记下老师布置的作业等等。

遇到困难时，哭是没有用的，要学会求助；和同学建立良好的关系；自己整理服装仪容；自己背书包，不要由父母代劳；自己做作业，不要依赖父母替自己的读书。学习这些"功课"也都需要时间，父母也要有心理准备，有些孩子可能需要相当长一段时间才能学会。

在学习方面，要帮助孩子设定合理的目标。良好的自信心来自对自己合理的期许。眼高手低，期许太高，实际上达不到，会有挫折感；期许太低，小看自己，没有发挥潜能，容易自我放弃。很多研究发现，最能激发动机去超越的挑战，是比自己的能力再稍微难一点的目标，预期自己可能克服的挑战。所以，父母要帮孩子设定正确的目标，才能不断享受超越自己的快乐。

适应学校

有些特质的孩子需要老师特别的协助，父母要和老师保持密切联络和讨论，才能依照孩子的特质因材施教。家长可以用正向的形容词来描述孩子的气质和典型的反应，也可以分享自己在家里用过的有效处理策略。用"分享"的语气，并非"指导"的口吻，比较容易被老师接受。不过，家长也要明白老师在学校面对的是一群孩子，不像在家里，只需要面对一个孩子，所以老师的观点和我们的不一定相同。而且老师也有自己的气质。和老师沟通时,要记得共同的目标都是为了孩子好,所以是同盟的一方,并非对立的两方。和老师有良性的互动,最后受益的才是我们的孩子。

活动量大的孩子上课常常坐不住,不是动来动去、爱讲话,就是容易离开座位。家长可以让老师了解孩子纯粹是因为活动量高,并不是故意不听话。可以建议老师常常让他当小帮手,跑跑腿,给他一些合法的活动机会。也可建议老师忽略他上课动来动去、坐不端正的小动作。因为要求他和其他活动量低的孩子一样安静地坐着上课,实在是太强人所难了。

注意力不集中的孩子常常忘东忘西,没有听到老师传达的重要信息。家长要和老师保持联系。如果老师不反对,可以常常给老师打电话,了解学校的教学进度及孩子适应的情形。

文具方面尽量买图案简单的。如果买花哨又可以玩的文具(有的铅笔盒有很多机关按钮),容易造成孩子学习时分心。在文具用品上贴上姓名贴纸,可以稍稍降低文具的遗失率。不过父母要有心理准备,不要买太贵的文具。孩子很可能带着齐全的文具上学,却带着空空的铅笔盒回来。

坚持度高的孩子习惯依照自己的方式做事,比较难接受团体生活的规律，还可能会和老师争辩，不顺从规范。家长要告诉孩子学校规范的用意，并且强调遵守规范的重要性。当道理说通，孩子接受之后，他也会很坚持遵守学校的规范。有些坚持度高的孩子，可能上节课的作业尚未完成，坚持要在下一节课继续做完。老师可以提醒他先收起来，等下课再完成。

反应强度强的孩子容易与同学起争执，有时容易出现攻击行为。孩子必须学习避开会引起情绪的场面，或会令他生气的同学。一旦生气时，可以用不伤害别人的方式宣泄情绪，例如写纸条向老师报告。老师可以准备一个纸箱，让孩子把报告的事写下来丢进箱子里。有时候孩子只是需要一个管道抒发情绪，报告完，气也就消了。

规律性低的孩子，可能在上课时不知不觉就睡着了，或是上课上到一半时想上厕所，或肚子饿要吃东西。老师一开始可以给孩子比较多的弹性，但接下来家长和老师都要努力，帮助孩子适应学校生活的规律性。例如，早睡早起，吃完早餐再上学，下课先去上厕所等。

反应强度弱和害羞退缩的孩子在人际互动上比较退缩，会害怕接近老师，也不容易结交到朋友。这需要老师特别关心和协助，主动和他建立关系，并且帮助他和同学交朋友。例如，安排一个比较开朗大方，又喜欢帮助别人的同学陪伴他。

坚持度低的孩子遇到困难容易放弃，持续度不足。可以建议老师依照孩子的能力和学习速度安排作业量，尽量制造可以鼓励孩子、让孩子有成就感的机会，不一定对每个孩子都要用相同的标准来要求。

适应度低的孩子有的无法适应学校的厕所。学校的厕所是蹲式厕所，和家里的坐式马桶不一样。之前曾有新闻报道称，有的孩子因为不会蹲着上厕所，憋着不上。所以，要教孩子练习使用学校的厕所。也要事先和孩子约定，放学时没有在约定地点看到妈妈时应怎么办。可以请他回到传达室请求协助，或带零钱打电话联络，要记得自己家里的电话和地址。如果孩子可以自己回家，也要事先讨论，回到家没带钥匙，找不到妈妈时要如何应变。

刚入学时的适应问题

大部分孩子因为上过幼儿园，所以上小学时适应的情形还不错。但是每年新生入学时，还是会有几个孩子因为不安而哭泣，或是每天在校门口拉拉扯扯不肯上学。有的孩子哭了三天，被安抚了三天后就不哭了。

有的孩子是因为幼儿园老师说小学老师很凶,所以才很害怕上学。不管父母对孩子的老师喜不喜欢,在孩子的面前要多说老师的好话。千万不要让孩子一开始上学,就因为讨厌老师而不想上课,这样对孩子未来的学习会有很不好的影响。

除了老师之外,同学关系也很重要。如果孩子在学校时,感受不到友善的人际氛围,就比较容易出现恐学症;如果孩子交到了好朋友,就可以很快进入状态。

孩子进入小学或是由小学升初中,由初中升高中时,都要重新面对新的老师和新的同学。在这几个关键阶段,孩子都必须面对新的环境和压力。有些孩子会出现一些生理的症状,如胃痛、失眠、做噩梦、头晕、头痛、感冒等。父母不要把这些问题当作纯粹的生理疾病来医治,一定要协助孩子和老师进行沟通,帮助孩子找出压力的来源,解决情绪上的压力和对学校的恐惧,让孩子能够面对新的环境。

有些孩子因为对环境的不适应而出现身心症状,请假在家休息一段时间之后,尝到了请假在家的好处,可能害怕再次和同学见面,更不想上学。如果父母的坚持度低,孩子的坚持度高,孩子会用生病作为不上学的借口和手段,最后演变成拒绝上学,这样就更加无法融入学校的生活。所以,父母千万不要在孩子上学这件事情上轻易让步，要维持原则。可请班上的好同学打电话和孩子联络，描述班级最近发生的事，孩子感受到同学们在等他回去，就不会那么担心了。

孩子不肯上学一定有原因，也许是老师太严格，孩子太敏感，被老师的大嗓门吓到；也许是孩子的气质比较退缩，不知道如何交朋友，每天上学都感到很孤单；也可能是孩子对妈妈太依赖，上学时总想着让妈妈帮自己。不论原因是什么，父母都要设法帮助他们排除障碍。

选择适合的才艺班

现代父母由于家中孩子较少,每个孩子都被寄予极大的希望而竭力栽培,坊间各种的才艺班应运而生。大部分孩子都从四岁开始学习,有些才艺班甚至从两岁就开始招生。帮孩子选择才艺班时,首先要考虑孩子的兴趣和天分,如果能将孩子的气质也同时列入考虑因素,孩子学习才艺的过程才会更加顺利。

气质不同,重点也不一样

活动量大的孩子

活动量较大的孩子在学龄前坐不住的情形特别明显,因此若是安排孩子参加需要较长时间静坐的学习,孩子肯定很难全程配合。建议尽量挑选能接受孩子在学习过程中动来动去的课程。如果才艺课堂对孩子的活动量能够包容,就不会一整堂课都在约束和指责孩子。同样，如果想带孩子去看表演，宁可选择看儿童剧也不要选择听音乐会，因为儿童剧场较能包容孩子的动作和声音。有时台上台下的互动，也可以让孩子有更多的活动机会。

对活动量大的孩子而言，参与动态的学习，如跳舞、游泳、轮滑、街舞、篮球等，一方面可以让他有机会发泄过剩的体力，另一方面可以培养他的专长和兴趣。最好是参加人数较少的班级，以免课堂上有较长必须轮流等待的时间，孩子闲下来没有事做，就会自己活动起来，很可能造成对课堂的干扰。有些孩子很有

运动天赋，学起来得心应手，就会很有成就感，自信心也会大增。不过，好动并不等于会运动，如果孩子在学习上表现得不如预期，家长也要以培养兴趣和健身为主要目的，而不要增加学习的挫折感和压力。

若是选择学习跆拳道，要考虑孩子的自我控制力。由于学龄前孩子的自我控制力较弱，很容易在与人相处时因为冲突而出现攻击行为，将才艺课上学到的十八般武艺用上。因此，如果孩子活动量大又容易出现攻击行为，就要考虑这项学习是否应该暂时停止，等孩子学会控制自己的冲动之后再考虑恢复。不过，有很多武术教练会在课堂上特别强调自制力的训练，对纪律也有一定的要求。如果孩子能从课程中学习到如何运用及控制自己的能量，对孩子的成长就相当有帮助。

有些家长会想，孩子太好动，是不是应该安排一些静态的学习，如书法、围棋等课程，好让他学习控制自己。这些课程都能帮助孩子静下心来，进行思考性的活动，并且建立先思考后行动的习惯。在参加这些课程时，家长要特别注意孩子的学习状态。如果孩子正好对这项课程有兴趣，他会愿意为了学习而让自己至少维持一段时间的安静，这样才能够从中获益。如果孩子没有兴趣，就很难要求他在课堂上安静并遵守规矩。对老师和小孩而言，教和学都很难有效率。这时可以考虑暂停一段时间，等孩子大一点，活动量较能控制时再尝试。

好动的孩子并非无法进行静态的学习，如果是五到八个人的小型学习团体，课程安排中动态和静态活动交替进行，孩子的学习效果会比较好。事前和老师沟通孩子的情形，并建议老师让孩子担任小帮手，都是预防孩子被误解、减少孩子挫折感的好方法。

活动量低的孩子

活动量低的孩子，通常对于需要大肢体活动的运动兴趣不大，他可能会倾向于用手做精细操作的活动。建议家长至少协助孩子培养对一项运动的兴趣，形成习惯，这对孩子的身体健康和人际关系都会有帮助。

主动好奇的孩子

主动好奇的孩子喜欢尝试新鲜的事情。他的心里总是期待有什么好玩的事情发生，所以当妈妈提议要带他去参加新课程时，他几乎都会兴高采烈地答应。但等到课程进行一段时间、新鲜感过去之后，孩子可能就不像之前那么有兴致了。当上课的模式开始重复时，孩子的态度也会跟着懒洋洋起来。所以，要让孩子继续保持学习的兴趣，最好是参加每一次上课内容都不太一样的课程,孩子才会觉得每一次上课都很新鲜,因此就会充满预期,保持兴趣。或是每隔一段时间,课程会出现一些明显的改变,孩子才会又兴奋起来。例如学钢琴,一开始兴致勃勃,过了一段时间,练习一直在重复,孩子就不像之前那么投入。某一天,老师换了一本新的乐谱,孩子又会开始有兴趣。或如学游泳,也是一开始很有兴趣,学完一期,就不想再学了。过了一阵,妈妈提议去另一个没去过的地方学,孩子可能又会高兴地答应。

害羞退缩的孩子

害羞退缩的孩子对于陌生课程的第一反应几乎都是拒绝,因为他不喜欢面对新环境的压力。但不要因为他拒绝就放弃努力,还是可以带孩子参观、熟悉上课的地方,最好有机会观察别人上课的情形。等孩子对环境熟悉之后,再问他想不想上课,也许他就能克服恐惧,愿意试试看。如果有哥哥、姐姐、邻居或朋友已经在上同样的课程,孩子也会比较愿意去尝试。因为有同伴,他会比较有依靠感。

这种气质的孩子通常在熟悉一个环境后,就很不愿意改变,因为他们和主动好奇的孩子正好相反,他们喜欢旧的、熟悉的环境和事物。所以家长在选择课程和班级时，要特别慎重，不要在上课一段时间之后，又要再换课程，对孩子来讲，重新适应新环境是相当辛苦的。

坚持度不同的孩子

坚持度高的孩子学习任何课程都比较容易看到成果，因为他们比较愿意为一个难度较高的目标一再重复地练习。这种气质的孩子如果学习一种乐器或是一项运动技能，一般不会半途而废。

坚持度低的孩子就不太适合学习那些需要长时间苦练的技能，最好是表面看来难度较低，通过玩游戏就能轻轻松松学习的课程。如果不是这样，大人就要在学习的过程中，不断给予大量的鼓励和陪伴。

孩子上才艺班的目的是让孩子有机会接触各种不同的艺术和课程，从中发现孩子的天分和兴趣所在。父母不要抱着"怕孩子输在起跑线上"的心情带孩子上才艺班，这样不但孩子很辛苦，父母也很辛苦。父母大致可以从孩子投入的程度和上课时的情绪反应观察出孩子是不是有兴趣。让孩子告诉你他喜欢什么，学什么最开心。

为孩子规划未来

俗话说："三百六十行，行行出状元。"如果希望孩子将来能够乐在工作，发挥所长，就一定要从多元的角度思考孩子的未来。

影响一个人职业生涯的因素很多，除了他的优势能力之外，还必须考虑兴趣、个性、价值观，以及就业市场的现实状况。如果孩子将来从事的工作既能发挥专长，又是他感兴趣的事，工作的性质很适合他的个性，从工作中可以得到价值感，再加上这份工作在就业市场中非常有发展潜力，那就太完美了。

父母可以从小观察孩子的天分、能力、兴趣和气质，从孩子的表现、反应和回馈中，逐渐勾勒出孩子未来的发展蓝图。不过，由于孩子在成长过程中会不断变化，可能需要经过多次的尝试和修正，孩子未来的发展方向才会越来越清楚。大约到初中和高中阶段，孩子对自己的兴趣和能力及未来发展的方向才会越来越清楚。

不要将孩子塞进自己期待的框框里

了解孩子的气质，可以帮助我们预测孩子长大后的个性。不同个性的人适合不同的行业，如果孩子的性向专长和气质正好互相配合，孩子在职场上就能更加得心应手。

父母可以将以下的描述放在心里，作为参考。但是请切记，孩子的气质会随着成长而有所调整，孩子的能力也会随着学习而不断展现出来。家长绝对不要太早预设立场，将孩子塞进自己期待的框框里。如果是这样，就算孩子在父母的期待下扭曲自己成为父母喜欢的样子，他的心里也一定不会快乐。唯有让孩子自在地做自己最适合、最擅长的事，他才能成为真正闪亮的星星。

活动量高的孩子适合需要活力的工作，最好工作的性质可以让他跑来跑去。

活动量低的孩子适合坐在办公室里，工作最好是能够动手不动脚的。

规律性高的孩子喜欢重复性高的工作，朝九晚五，可以预测，也可以掌控。

规律性低的孩子适合需要临机应变的工作，像在急诊室值夜班，或是消防队员。

主动好奇的孩子适合需要与陌生人接触，或是具有冒险性、开创性的工作。

害羞退缩的孩子适合自己一个人可以完成的工作，不需要与别人有太多的接触和互动，也不适合冒险性太高的工作。

适应度高的孩子适合需要团队配合才能进行的工作。

适应度低的孩子适合能够自己掌控、事先计划安排的工作。

反应强度强的孩子适合表演或艺术方面的工作。

反应强度弱的孩子适合需要情绪稳定的工作，不能受情绪起伏而影响的工作。

情绪本质正向的孩子适合需要笑脸迎人的工作，像公关人员或客服接待人员。

情绪本质负向的孩子适合评论、监督、考核的工作。

坚持度高的孩子适合有挑战性、难度高，需要坚持忍耐到最后一分钟的工作。

坚持度低的孩子适合比较轻松，难度不高，容易完成的工作。最好有一个团队，大家分工合作，和别人一起完成工作。

注意力分散的孩子适合需要眼观六路、耳听八方的工作。工作最好能一直变化，吸引他的注意力。

注意力不易分散的孩子适合需要专注的工作，例如从事研究或是思考的工作。

反应阈低的孩子适合比较没有强烈刺激的工作环境，适合需要察言观色能力的工作。

反应阈高的孩子不容易受外在环境的影响，可以忍受比较嘈杂的工作环境，适合不需要察言观色能力的工作。

父母也可以参考以下各种气质组型与职业配对，帮助孩子思考未来的方向。不过要切记，除了气质之外，孩子的能力、性向、兴趣也是非常重要的指标，不能单由气质一个角度来认定孩子适合的方向。所以，父母要耐心观察和追踪，不时调整自己的假设。随着孩子成长到一定的年龄，个性、兴趣和能力越来越稳定之后，才能做最后的判断和决定。

规律性高／害羞退缩／坚持度高

这种类型的孩子重视秩序、规律，作风保守，做事严谨，不喜欢与太多陌生人接触，属于循规蹈矩型的人。可能比较适合从事事务性的工作，喜欢处理有系统、有次序的数据，接受命令，执行任务，认真负责。适合的工作如秘书、会计师、出纳员、行政助理等。

主动好奇／活动量大／情绪本质正向／坚持度高／适应度高／反应阈低

这种类型的孩子精力旺盛、活力十足，喜欢与人接触，容易与别人建立关系，具有察言观色的能力。乐观、进取、勇于冒险、有野心，遇到困难就设法解决，不轻易放弃，经常在团体中扮演领导者的角色。可能比较适合团队领导、销售说服、督导策划等性质的工作，例如经理人员、营销业务人员、企业家、政治家等。

情绪本质负向／害羞退缩／坚持度高／注意力不易分散

这种类型的孩子批判性强，喜欢从鸡蛋里挑骨头，对人际互动比较缺乏兴趣，可能比较适合从事研究开发的工作，不需要与别人有太多的人际互动，可以忍受长期独自一人的研究。做事态度专注，不易被打扰，坚持度高。适合的工作如科学家、计算机工程师、政治评论家等。

情绪反应强／规律性低／适应度低／反应阈低

这种类型的孩子情绪丰富、深刻而强烈；生活作息不规律，无法预期下一个反应，但是自发性高、创造性强，不受外在规范的约束；主观性很强，不容易受别人影响，顺从性低；对人事物的感受非常敏锐。这样的孩子具有艺术家的个性，可能比较适合从事如作家、音乐家、画家、演员、艺术指导、动画设计等工作。

活动量大／规律性高／情绪反应弱／害羞退缩

这种类型的孩子生活规律，具体务实，不擅长人际互动，情绪稳定，喜欢动手操作。可能比较适合实用取向的工作，例如技术人员、汽车技术人员、产品维修人员、检验人员、外务人员等，也适合运动员、体育老师等工作。

希望在父母细心的陪伴下，每个孩子都能够发现自己的专长和优势，找到最适合自己个性和气质的发展方向。就像百合花、玫瑰花、野姜花等，各有各的特色，只要能了解自己的特色，喜欢自己，欣赏自己，每一朵花都能绽放得一样美丽。

图书在版编目（CIP）数据

发现孩子天生气质：揭开天赋密码 实现因材施教 /
张黛眉著；薛慧莹图. — 北京：中央编译出版社，2016.1（2022.2 重印）
ISBN 978-7-5117-2733-6

Ⅰ.①发… Ⅱ.①张…②薛… Ⅲ.①家庭教育 Ⅳ.① G78

中国版本图书馆 CIP 数据核字（2015）第 154939 号

版权所有 © 张黛眉
本书版权经由天下杂志股份有限公司授权
青豆书坊（北京）文化发展有限公司出版简体版权，
委任安伯文化事业有限公司代理授权
非经书面同意，不得以任何形式任意重制、转载。

发现孩子天生气质

责任编辑	廖晓莹
特约编辑	陈朝阳
责任印制	刘　慧
出版发行	中央编译出版社
地　　址	北京市海淀区北四环西路 69 号（100080）
电　　话	（010）55627391（总编室）　（010）55627319（编辑室） （010）55627320（发行部）　（010）55627377（新技术部）
经　　销	全国新华书店
印　　刷	天津旭丰源印刷有限公司
开　　本	889 毫米 ×1194 毫米　1/32
字　　数	90 千字
印　　张	7.75
版　　次	2016 年 1 月第 1 版
印　　次	2022 年 2 月第 6 次印刷
定　　价	35.00 元

新浪微博：@中央编译出版社　　微　　信：中央编译出版社（ID：cctphome）
淘宝店铺：中央编译出版社直销店（http://shop108367160.taobao.com）（010）55627331

本社常年法律顾问：北京市吴栾赵阎律师事务所律师　闫军　梁勤
凡有印装质量问题，本社负责调换，电话：（010）55626985